LES CENT VINGT JOURS,

OÙ LES

QUATRE NOUVELLES;

Par PIGAULT-LEBRUN.

TOME PREMIER.

Bel etranger que veux-tu?

Chaillou del. Savinet Sculp.

THÉODORE,

OU

LES PÉRUVIENS;

PAR PIGAULT-LEBRUN.

PREMIÈRE NOUVELLE.

A PARIS,

Chez BARBA, libraire, Maison-Egalité, galerie derrière le théâtre de la République, n° 51.

9.　1800.

THÉODORE,

OU

LES PÉRUVIENS.

Sous le règne de Louis XIV,
dont on a dit trop de bien et trop
de mal, le commerce maritime
de France semblait naître sous
les mains actives de Colbert. Déjà
ce ministre avait établi, avec des
frais immenses, une colonie à
Pondichéry; nous avions quelques planteurs à Saint-Domingue.
Ces premiers essais, faibles sans
doute, devaient être bientôt vivi-
fiés par les soins du ministre, et
soutenus par des établissemens
plus considérables, lorsque le roi
Guillaume entraîna dans sa que-

relle avec Louis XIV, l'empereur, l'Empire, l'Espagne, la Hollande et la Savoie.

La guerre était à peine allumée, que les Hollandais s'emparèrent de Pondichéry, et ruinèrent les négocians français qui faisaient le commerce des grandes Indes; les Anglais détruisirent nos plantations de St.-Domingue. Du Guay-Trouin, le plus grand homme de mer peut-être dont s'honore la France, n'était encore que simple armateur; mais il avait ce génie ardent et cette soif de la gloire qui décèlent le héros : il entreprit de venger l'honneur du pavillon français.

Ses parens, commerçans de Saint-Malo, équipèrent à frais

communs une frégate et deux corvettes. Du Guay-Trouin part, cherchant sur toutes les mers les ennemis et l'honneur.

Laissons cet officier suivre ses grandes destinées, et occupons-nous de celui dont j'ai à tracer les aventures. A bord d'une des corvettes était un jeune malouin, beau comme un ange, sensible et fier comme un chevalier français, brave comme tous ceux de son pays.

La corvette que montait Théodore, fut séparée par une brume épaisse des deux autres bâtimens. Du Guay-Trouin avait déclaré l'intention de se joindre à monsieur de Pointis, qui armait à la Tortue contre les espagnols, et qui se proposait de surprendre et de piller Carthagène. Monsieur de Forville, le capitaine de Théodore, dirigea donc sa marche vers les Antilles, ne doutant pas que tôt ou tard il ne se réunît à son chef.

Une tempête horrible surprit la corvette à la hauteur du tropique, et la jeta dans l'océan méridional. Pendant une semaine entière, les vents soufflèrent avec la dernière violence; le tonnerre et la pluie ne cessèrent qu'à de courts intervalles; l'obscurité, le danger éminent, le désordre qui en est inséparable, n'avaient pas permis de prendre la hauteur. Quand le ciel fut redevenu serein, les inquiétudes évanouies, les forces réparées, on voulut sa-

voir où on était. On reconnut avec
une surprise extraordinaire l'étendue prodigieuse qu'on avait par-
courue : on était dans la mer paci-
fique, dont les navigateurs ne con-
naissaient encore que la partie qui
baigne les côtes du Pérou, et ces
côtes ennemies semblaient l'unique ressource qui restât à un frêle
bâtiment que la tempête avait mis
hors d'état de tenir la mer.

Il était dur à des français d'aller
demander des fers aux espagnols :
cette idée révoltait monsieur de
Forville ; mais le salut de son équi-
page lui était plus cher que la
gloire : il résolut donc de se rendre prisonnier au premier port
espagnol.

Théodore ne concevait pas

qu'on pût préférer la captivité à
la mort : pour la première fois il
osa combattre l'avis de son capitaine. On découvrait la petite île
de Socoro, voisine de celle de
Chiloë; il proposa d'y aborder,
d'y mettre la corvette en carène,
si on trouvait une baie commode :
il représenta qu'il serait toujours
temps de se rendre, et qu'il n'en
fallait plus perdre à délibérer. Son
enthousiasme, son éloquence, sa
figure noble et animée entraî-
nèrent les opinions, et un pilo-
tin de vingt ans eut l'honneur de
persuader des officiers et des ma-
rins consommés.

On n'était plus qu'à quelques
lieues de l'île, lorsqu'on signala
une frégate espagnole. Monsieur

de Forville n'eût pas balancé à l'attaquer, malgré son infériorité, si son bâtiment eût pu manœuvrer avec quelque facilté. Ne voulant rien prendre sur son compte , il assembla une seconde fois son conseil de guerre, et il fut étonné de la résolution qu'il trouva dans ses officiers : Théodore leur avait inspiré son audace. Ils proposèrent d'attendre la frégate , et de sauter à l'abordage , s'il était possible de jeter les grappins. Monsieur de Forville était un homme froid, et il sentit la témérité de ce dessein ; mais il était brave , et il n'y mit pas d'opposition. Théodore, rayonnant de joie , se tenait sur le pont, la hache d'armes à la main : il at-

tendait avec impatience le moment de se signaler. Terrible ,
fier et charmant, c'était Mars sous
les traits d'Adonis.

Cependant la frégate espagnole
s'avançait à pleines voiles : elle
avait l'avantage du vent ; elle se
tint à la demi-portée du canon,
et commença l'attaque. Quand
monsieur de Forville vit l'impos-
sibilité d'en venir à l'abordage,
il jugea sa perte certaine , et il
se disposa à mourir en français.

Pendant la tempéte , il avait
fallu jeter à la mer une partie
des canons pour alléger la corvette, et la lenteur des manœu-
vres rendait faible et incertain le
feu des pièces qui restaient. L'artillerie espagnole foudroyait les

français : ils se battirent cependant, et avec opiniâtreté ; mais bientôt leur bâtiment, criblé de boulets, menaça de s'enfoncer. L'intrépide Théodore fut obligé d'amener lui-même le pavillon : il le brûla pour s'épargner la douleur de le rendre.

Dès que les espagnols cessèrent d'avoir des ennemis à combattre, ils ne virent plus que des hommes dans les infortunés que la mer allait engloutir. Ils détachèrent toutes leurs chaloupes, recueillirent les vaincus, et s'efforcèrent, à force de soins et d'humanité, de leur faire oublier leur disgrâce.

Le capitaine espagnol était généreux ; mais les lois de la guerre sont précises : il ne dépendait pas

N° 1. b

de lui de relâcher des francais pris les armes à la main. Il les déposa dans le port de Pisco, d'où on les conduisit à Lima, capitale du Pérou.

Le vice-roi se piqua d'imiter les procédés du capitaine espagnol. Les officiers français eurent la ville pour prison. Théodore n'était pas officier encore; mais, dès qu'on l'eût vu, on ne s'informa point de ce qu'il était : il réunit les suffrages, et obtint toutes les préférences.

Le séjour de Lima était fait pour séduire un jeune homme qui ne connaissait que Saint-Malo et la mer. Cette ville n'avait point éprouvé encore les tremblemens de terre qui la détruisirent enfin de fond en comble. Ses rues étaient pavées de lames d'argent, les palais et les édifices publics bâtis avec goût ; la rivière qui baignait ses murs, était divisée, détournée en canaux, et ses eaux distribuées pour la commodité des habitans, l'embellissement des jardins, la fertilité des campagnes.

' Les yeux se fatiguent promptement quand la jouissance qu'ils procurent, se borne à l'admiration. Mais ce dont Théodore ne croyait pas se lasser, c'était le spectacle continuel et varié d'une foule de créoles, entre lesquelles il est difficile de faire un choix. Des yeux brillans de vivacité, une peau blanche, un teint dé-

licat et animé, une taille moyenne
et bien prise, une chevelure qui
servirait de voile à la pudeur,
tant elle est noire et se plaît à
croître et à descendre; voilà ce
qu'elles doivent à la nature.

Des boucles d'oreilles, des bra-
celets, des bagues de diamans;
un vêtement qui laisse à découvert le sein et les épaules, et qui
ne tombe qu'à mi-jambe; de là
jusqu'à la cheville du pied, une
dentelle à travers laquelle on distingue les bouts des jarretières,
brodés d'or ou d'argent, et gar-
nis de perles; tels sont les moyens
que l'art emploie pour les rendre
plus séduisantes encore.

L'attrait du plaisir complète l'enchantement. Passionnées pour la

musique et la danse, elles excel-
lent dans ces talens aimables.
Fières, mais sensibles, elles rou-
giraient d'accorder la moindre
faveur à un homme qu'elles n'ai-
meraient pas : elles se repro-
cheraient de refuser quelque
chose à leur amant.

Théodore parut au milieu d'elles
comme un beau jour à qui sourit
la nature. La fierté s'évanouit
devant ses grâces ; il ne trouva
que des cœurs disposés à aimer.
Il avait tout perdu avec sa liberté ; l'amour le combla de
biens. Le nécessaire, le superflu,
les objets du luxe le plus recherché, lui parvenaient tous les jours
par des mains inconnues qui semblaient l'inviter à les deviner.

N° 1.   c

Empressé, poli, galant, spiri-
tuel, il fut heureux autant qu'on
peut l'être quand on n'est pas
vraiment amoureux : le moment
n'était pas arrivé.

Un mois s'écoula dans une
ivresse continuelle, et la satiété
lui succéda enfin. Les idées de
gloire se réveillèrent dans le cœur
de Théodore, ou plutôt sa des-
tinée l'entraînait vers l'objet qui
devait le fixer à jamais. Son oisi-
veté, la mollesse de sa vie lui
devinrent à charge; il eut honte
de lui-même; il conçut le dessein
de s'arracher des bras des plaisirs, pour se jeter sans retour
dans ceux de la gloire : il osa entreprendre de traverser le conti-
nent pour se rendre devant Car-

thagène, où il espérait joindre monsieur de Pointis et du Guay-Trouin.

La route était longue et périlleuse; la fatigue, le besoin, les naturels du pays, tout était à redouter. Théodore se garda bien de s'ouvrir à monsieur de Forville et à ses camarades, sur un projet que le succès seul pouvait justifier. Un jeune péruvien qu'il avait engagé à son service, et qu'il aimait beaucoup, fut le seul confident de sa fuite. Le doux, le fidelle Corambé acheta secrètement deux lamas, pour porter ce que son maître avait de plus précieux, et ce qui était indispensable pour entreprendre un tel voyage. Les deux jeunes gens se

dérobèrent de Lima à l'entrée de
la nuit, et, la boussole à la main,
Théodore se dirigea vers le golfe
de Darien.

Ils évitaient soigneusement les
lieux habités. Le jour, ils trouvaient aisément de l'eau claire,
et des fruits que le sol produit
par tout sans culture; la nuit, un
palmier, un cocotier les garan-
tissaient de la rosée; la mousse
ou l'herbe fine reposait leurs membres fatigués, et nourrissait leurs
lamas.

Le douzième jour, ils arrivèrent
auprès de Quito. Ils avaient fait
environ la moitié du chemin sans
accident, sans inquiétude, et ils
se flattaient d'arriver heureusement et assez tôt pour partager

les périls et l'honneur de l'expédition préparée contre Carthagène : ils ne devaient pas aller plus loin.

Quito, une des principales villes de l'ancien empire du Pérou, est située au pied des Cordilières. Du côté du sud, une plaine immense, riante et fertile, réunit ce qui est utile à la vie et ce qui en fait l'agrément. Il eût été imprudent de s'engager dans cette plaine, dont la culture variée annonçait une nombreuse population : Théodore résolut de s'enfoncer dans les Cordilières.

La marche devint lente et pénible; mais Théodore bravait toutes les difficultés; Corambé souffrait et se taisait, par attachement pour un maître qui l'avait fait son égal; les lamas, forts, patiens et légers, gravissaient les rochers avec adresse, et dans les passages difficiles ils portaient Théodore et Corambé.

Déjà ils étaient élevés au-dessus de Quito; ils découvraient la ville en entier, et cette vaste plaine qui paraissait dans l'éloignement un seul et magnifique jardin; déjà ils croyaient n'avoir plus de risques à courir, et, suivant la ligne droite qui devait les faire descendre dans la nouvelle Grenade, ils s'entretenaient paisiblement : au détour d'un énorme rocher, ils sont frappés d'étonnement, et Théodore lui-même éprouve un sentiment qui approche de la

frayeur. Une redoûte espagnole
est à deux cents pas d'eux ; la
garde les a vus, ils n'en peuvent
douter, au mouvement rapide
des soldats. Douze ou quinze
hommes sortent du fort, et vien-
nent droit de leur côté : ils n'ont
qu'un moment pour se déterminer. Théodore donne une poignée de diamans à Corambé, et
l'embrasse. « Fuis, lui dit-il, tu
» connais le pays ; je t'enrichis,
» sois heureux, et ne m'oublie
» jamais ». Ils abandonnent les
lamas, ils fuient aussi promptement que le permet l'inégalité du
terrain ; bientôt ils sont écartés
l'un de l'autre : ils s'arrêtent, ils
se regardent, ils se disent le dernier adieu de la main.

Un sentier battu se présente devant Théodore, il le suit avec la rapidité de la flèche ; les espagnols le poursuivent avec acharnement. Ce chemin conduisait aux mines, et le fort avait été bâti pour écarter de ces trésors ou arrêter ceux qui n'étaient pas avoués par le gouvernement ou les propriétaires. Théodore n'était pas de ces hommes qui exposent leur vie par espoir d'une grande fortune ; mais les précautions qu'il prenait en avançant lorsqu'il fut découvert, sa fuite précipitée dès qu'il put juger qu'on l'avait aperçu, deux animaux domestiques que douze jours de marche avaient déchargés de presque tous les comes-

tibles qu'ils portaient, et qui semblaient destinés à recevoir une
charge plus précieuse, tout con-
courait à rendre le jeune homme
suspect.

Théodore, ignorant la richesse
de la terre qu'il rasait à peine en
courant, attribuait à la soif du
sang, l'ardeur des espagnols. Il
double de vîtesse, il gagne consi-
dérablement sur des hommes que
le poids de leurs armes embar-
rasse. A l'extrémité du sentier
sur lequel il semble voler, il distingue un second corps-de-garde:
il change de route aussitôt, et se
jette à travers les rochers. Il marche au hasard, il monte, il descend. Tantôt suspendu par une
main et un pied, à une pointe de

N° 1.	d

roche qui paraît devoir s'abymer
avec lui, tantôt traversant un ra-
vin, passant un torrent à la nage,
se dérobant un instant à la vue
des espagnols, les retrouvant derrière lui l'instant d'après, cherchant une caverne que la nature
lui refuse, ses forces s'épuisent,
son courage s'éteint ; il s'arrête
malgré lui.

Les soldats, plus excédés encore, s'arrêtent de leur côté : tous
ont également besoin de repos.
Les espagnols ne voulaient que
suivre à vue celui qu'ils croyaient
ne pouvoir plus leur échapper :
Théodore allait être arrêté au pied
du mont Cayambur, qui s'élève
à pic à une hauteur effrayante,
et qui passait pour être inacces-

sible. S'il rétrogradait, rien de si facile que de l'envelopper et de le tuer, s'il refusait de se rendre : ses ennemis n'avaient donc aucun motif de presser leur marche, et ils demeurèrent immobiles aussi long-temps que Théodore s'arrêta.

Leur conduite lui paraissait inexplicable. Sans faire de vains efforts pour la pénétrer, il profita du relâche que lui laissait l'inaction des espagnols. Il reprit ses sens, il mangea quelques graines qui se trouvèrent sous sa main. Cette nourriture, bien qu'insuffisante, lui rendit des forces ; il sentit qu'il tenait encore à la vie ; il résolut de tout faire pour la conserver : il se leva, et repartit.

Les espagnols se remettent en marche, mais ils n'avancent plus que lentement. Théodore court sur des roches unies ; il laisse bien loin derrière lui ceux qui le poursuivent ; il croit alors pouvoir s'arrêter de nouveau, examiner les objets qui l'environnent, se consulter, et choisir la direction qu'il voudra prendre.

A peu de distance de lui est l'énorme mont, qui ne lui présente qu'un mur de roche, dont la largeur l'arrête de tous côtés ; les espagnols se sont ouverts ; ils marchent à vingt pas l'un de l'autre, ils forment un cordon redoutable qui rend sa retraite impossible : il se voit perdu sans ressource. Cependant le danger le

plus certain est toujours celui
qu'on évite : il continue d'avancer vers le mont.

A mesure qu'il s'en approche,
il croit remarquer des inégalités
dans les rochers ; bientôt il distingue des fractures qui offrent
autant de points d'appui ; il voit
de légères crevasses à travers lesquelles s'échappent des lianes et
d'autres plantes rampantes; il ose
compter sur son adresse, sur son
bonheur : il entreprend de gravir
le mont.

Il se cramponne, il s'accroche,
il se colle à la roche ; il saisit un
liane , il monte comme à une
corde : une seconde plante suc-
cède à la première, et il continue
de monter. Il fait des efforts in-

N° 1.   e

croyables, la sueur ruisselle de toutes les parties de son corps; mais il n'a plus à défendre sa vie que contre les obstacles que lui oppose une masse absolument verticale. Les espagnols parviennent au pied du mont, ils restent muets d'étonnement, en voyant Théodore hors de la portée du mousquet.

Cependant, la jeunesse qui entreprend sans réflexion, qui agit sans prévoir de résultats, la jeunesse, dont l'imagination est sans bornes, n'a que des moyens bornés : Théodore ne peut soutenir plus long-temps le travail opiniâtre auquel il s'est condamné. Ses mains, ses genoux sont ensanglantés, ses nerfs ont perdu

leur élasticité, et son corps sa
souplesse ; il tombe dans un dé-
couragement absolu ; il soupire,
il se résigne, il va lâcher le liane
qui le soutient, et se briser dans
l'abyme : ses yeux se tournent
vers le ciel avant de se fermer
pour jamais.

Il est frappé d'un enfoncement
qu'il croit remarquer à quelques
toises au-dessus de lui. Un peu
de relâche, et il peut y arriver :
comment s'en procurer dans cette
cruelle situation ? L'horreur du
néant rend l'homme ingénieux.
Théodore prend d'une main le
liane qu'il peut à peine serrer ;
de l'autre, il le tourne plusieurs
fois autour de son corps, le noue
fortement auprès de la racine,

demeure suspendu et légèrement appuyé sur la pointe des pieds. Quel repos !

Alors il regretta les délices de Lima, en pensant à l'avenir affreux qu'il s'était préparé. S'il parvenait jusqu'à l'espèce de caverne qui était l'unique objet de ses vœux, qu'y ferait-il, comment s'y procurerait-il les plus misérables alimens? Une roche nue et brûlante, quelques plantes dures et filandreuses, voilà ce qui s'offrait à lui de toutes parts.

Mais quel est le malheureux qui ne compte pas pour beaucoup quelques heures ajoutées à la plus déplorable existence? Théodore, en maudissant la gloire, dont les brillantes illusions l'avaient abu-

sé, en faisant sur son imprudence
les plus amères réflexions, Théodore détachait le liane auquel il
avait dû le bien inestimable de
respirer un moment. Il gravissait
de nouveau, en regardant d'un
œil avide, en invoquant cette caverne qui devait être son tombeau.

A mesure qu'il monte, les objets changent de forme. Ce qu'il a
pris pour un enfoncement, n'est
qu'une ombre produite par l'angle saillant d'une roche; mais il
reconnaît qu'à cet endroit le corps
de la montagne s'éloigne de trente
à quarante pas de sa base : il ne
doute point qu'il n'y ait là un
terrain uni et passablement étendu. «Peut-être sera-ce une couche

» de terre.....:. peut-être est-elle
» fertile..... Oh, si un filet d'eau
» y coulait !..... ». Son cœur se
dilate, le sourire reparaît sur ses
lèvres, le malheureux espère,
un baume consolateur coule dans
ses veines, et lui rend sa première agilité.

Il arrive à ce but si ardemment
désiré. Ses mains ont touché le
sommet de l'affreuse muraille le
long de laquelle il a été si long-
temps entre la vie et la mort. La
tige d'un fort arbuste se trouve
sous ses doigts ; il la presse, il
s'alonge, il se raccourcit, il
s'élance ; il est enfin sur une vaste
plate-forme couronnée de ver-
dure ; il tombe à genoux, il re-
mercie le grand Être, il s'évanouit.

En revenant à lui, il parcourut d'un coup d'œil les objets qui l'environnaient. Un espace d'un quart de lieue de large et de huit à dix verges de profondeur, était couvert dans toute son étendue, d'une quantité d'arbustes et de plantes inconnus dans la plaine. Des fruits sauvages, mais savoureux ou rafraîchissans, s'offraient de toutes parts à l'avidité de Théodore : il les trouva délicieux. Après avoir satisfait le premier des besoins, il examina dans le plus grand détail, un lieu où probablement personne n'avait pénétré avant lui : il cherchait ce filet d'eau si nécessaire au soutien de sa vie ; il le chercha long-temps, il le chercha en vain ; il se laissa aller sur l'herbe, accablé, anéanti.

Il avait senti une joie inexprimable en échappant à un péril présent et certain ; l'idée de la mort cruelle et lente qui l'attendait, lui serra, lui poigna le cœur. « Des fruits, répétait-il, » des fruits, et pas une goutte » d'eau » ! Il regarda douloureusement cette seconde montagne, éternelle barrière qui fermait son désert : le cèdre n'est pas plus droit, la glace n'est pas plus unie ; l'habitant des airs seul a le droit de la franchir. La tête de Théodore tomba sur sa poitrine : « C'est » donc ici qu'il faut mourir » ; et deux ruisseaux de larmes s'ouvrirent un passage , et coulèrent long-temps.

O larmes! dernier secours que la nature accorde à l'infortune, vous en adoucissez l'amertume, vous en noyez presque le souvenir. Théodore se trouva plus calme après avoir pleuré; il redevint capable de penser et d'agir. Un caillou tranchant, la pointe d'une branche, pouvaient l'aider à creuser des trous qui recueilleraient l'eau de la pluie; mais cette terre absorberait en peu d'instans l'eau qu'elle aurait reçue : il fallut donc renoncer à l'idée de s'en procurer par ce moyen. Peut-être le temps a-t-il formé quelque bassin sur le sommet des roches qu'il a pour ainsi dire escaladées : il retourne sur le bord de l'abyme, il en suit les sinuosités, il arrache

N° 1.

f

la touffe d'herbe, il dérange la
branche qui semblent lui dérober
quelque cavité...... Tout à coup
il est frappé d'un trait de lumière :
il réfléchit que, puisqu'il a pu
monter, il n'est pas impossible
de descendre. Il rencontrera plus
de difficultés sans doute, mais ce
parti est le seul qui lui reste, et
il n'en remet l'exécution que jusqu'au moment où les espagnols
se seront éloignés.

Une idée raisonnée en amène
nécessairement une autre. Pourquoi ne ferait - il pas avec des
branches flexibles, une corde longue et solide dont un bout serait
attaché au tronc de l'arbre le plus
fort? Pourquoi n'y passerait-il pas
de distance en distance des bâtons

qui seraient autant d'échelons ?
Mais, pour juger du temps que
prendra ce travail, il faut calcu-
ler à peu près l'élévation où il
est parvenu : il se couche sur le
bord de la roche, il avance la
tête ; la distance où il est du sol,
n'est pas telle qu'en deux jours
il ne puisse avoir fini sa corde,
et on peut se passer d'eau pendant deux jours, quand on a des
fruits en abondance. Jusque-là
il ne s'était présenté à lui aucune
pensée qui ne fût satisfaisante ;
cependant une observation l'inquiète : il ne voit plus que quatre espagnols au pied du mont ;
que sont devenus les autres ? Ils
ne peuvent s'être éloignés assez
pour qu'il ne les distingue plus,

et ses yeux plongent par tout à une distance prodigieuse. Auraient-ils trouvé un passage qui les conduisît jusqu'à lui ? Il passe subitement de l'inquiétude à la crainte ; il se lève, il court à tous les endroits où la roche tourne, il regarde à ceux où elle fait saillie et lui cache les objets.... O suite non interrompue de malheurs ! De la partie la plus éloignée de sa plate-forme, il compte dix espagnols, le fusil en bandoulière, montant par un endroit très-difficile sans doute, mais commode, comparé à celui qui lui a donné tant de peines.

Le vice-roi du Pérou donne une somme assez forte aux soldats qui arrêtent quelqu'un cherchant à pénétrer dans l'intérieur des mines. L'appât de l'or seul animait, soutenait ceux-ci, et Théodore ne voyait que de la fureur dans leur infatigable opiniâtreté.

Personne, en sa place, n'eût douté qu'ils ne voulussent l'égorger impitoyablement; et que pouvait-il leur opposer? Il était sans armes, affaibli par un travail forcé et par l'agitation de son ame : sa tête se perdit tout à fait, et cependant un mouvement machinal le porta à retarder le coup fatal. Il s'enfonce dans les arbustes, il se traîne sous des broussailles. L'espérance est le dernier sentiment qui s'éteint en nous, et Théodore se flatte de n'être pas découvert.

N° 1. g

Il passe une heure entière dans cette cruelle anxiété, immobile, retenant son haleine. La feuille que le vent agite ou détache, le faible oiseau qui se repose sur la branche voisine, tout ajoute à ses terreurs, et bientôt elles sont portées au comble : il entend marcher à peu de distance ; il prête une oreille plus attentive encore ; on parle à deux pas de lui.

La frayeur portée à l'excès ne permet ni de réfléchir, ni même de penser. Théodore recule sur ses genoux et ses mains, sans prévoir que le bruit des branches qu'il agite, qu'il écarte, qu'il brise, doit infailliblement le trahir : il recule jusqu'à la base

de la montagne. Les espagnols
le voient ou le devinent : ils
poussent un cri de joie, et courent sur l'infortuné.

Le sang glacé, les membres
mouillés d'une sueur froide, il
se serre contre la roche qui doit
l'arrêter, mais dont les flancs lui
semblent s'entr'ouvrir pour le sauver de ses ennemis; il se persuade
que le soleil leur a retiré sa lumière pour les empêcher de le
poursuivre ; enfin l'illusion est
entière, il croit marcher dans un
souterrain long, étroit et obscur.
Un coup violent qu'il se donne à
la tête, lui prouve que tout est
réalité : il avance les mains, il
rencontre une voûte rocailleuse
et irrégulière ; il se baisse, il se

traîne, il se relève, il se baisse
encore, il s'étend, il s'alonge
comme un reptile, et se glisse
entre la roche aiguë qui lui
brise les reins, et celle qui lui
froisse la poitrine; il avance aussi
vîte que le permettent sa faiblesse
et l'obscurité; il s'arrête, il écoute, il n'entend rien, il se rassure.

En effet, les espagnols étaient
restés à l'entrée de cette caverne,
où l'amour de la vie pouvait seul
déterminer un malheureux à s'engager. Un fond humide, inégal,
infect, la crainte des insectes dé-
vorans de ces climats, des bêtes
féroces à qui le souterrain pouvait
servir de retraite, d'épaisses ténèbres enfin, devaient intimider
tous les autres; cependant les

bornes de la caverne, la faim, l'espoir de sa grâce, tout devait décider le coupable à rétrograder: ainsi pensaient les espagnols, qui attendirent Théodore, en se nourrissant comme lui des fruits que leur offrait la nature.

On croit volontiers ce qu'on désire. Théodore ne doute point que la caverne ne perce d'un flanc à l'autre de la montagne. Cependant il s'aperçoit qu'il monte sensiblement, et qu'il suit des détours tortueux et multipliés : il en conclut que sa marche sera longue; mais il s'éloigne des espagnols, et rien ne lui paraît plus à craindre que de retomber entre leurs mains.

Une partie du jour s'est écoulée; il s'enfonce, il monte toujours davantage, il n'aperçoit, il ne prévoit pas encore d'issue : il désespère enfin de revoir le soleil. La mort est toujours affreuse, sous quelqu'aspect qu'elle se présente, et il se repent de n'avoir pas abrégé ses souffrances en attendant les espagnols. Peut être sa jeunesse, son malheur les auraient-ils touchés ; si en effet ils étaient cruels, ils auraient au moins terminé son sort d'un seul coup, et combien d'heures languira-t-il encore avant que d'expirer? Il pense à retourner sur ses pas; mais lui reste-t-il assez de forces pour se traîner jusqu'à l'entrée de la caverne ? Pendant qu'il se perd dans une foule d'i-

dées contradictoires, il croit voir
un point lumineux dans l'extrême
enfoncement. Il tressaille, il s'é-
lance; la lumière disparaît. Alors
il accuse le ciel et la terre, il
s'accuse lui-même, il passe de
l'abattement à la rage, il court
devant lui comme un insensé. Il
se heurte, il se meurtrit contre
l'angle d'une roche; la force du
choc le jette de côté... O bonheur!
le point lumineux ne l'a point
abusé; il se reproduit plus brillant que la première fois; il se
reflète sur les pointes des cail-
loux : Théodore conçoit que le
rocher contre lequel il s'est frappé, lui a un moment caché cette
lumière. Bientôt il voit autour
de lui, il marche quelques mi-

nutes encore, et il retrouve le
ciel au-dessus de sa tête.

Qu'on se représente un infortuné accablé de fatigue, tour-
menté par les plus terribles an-
goisses, et passant subitement de
la mort à la vie pour la seconde
ou troisième fois, et on aura une
idée du ravissement qui saisit
Théodore, de l'espèce d'extase
dans laquelle il tomba. Il ne s'occupe pas du lendemain, il ne
pense point au pays qu'il va découvrir, aux habitans qu'il re-
cèle peut-être, aux ressources qu'il
pourra s'y ménager : il revoit le
soleil, il est heureux, il ne forme
plus de désirs.

Cependant le délire se dissipe
par degrés. Cette funeste pré-

voyance, si improprement appe-
lée raison, reprend tout son empire; un mélange confus de crainte
et d'espoir tourmente encore le
malheureux. Il sort de la caverne,
il fait vingt pas....... une plaine
magnifique, des terres cultivées,
des arbres chargés de fruits, des
ruisseaux qui se croisent, qui s'é-
loignent, qui se rapprochent, et
qui fertilisent tout, de riantes
habitations, et par tout le tableau
de l'abondance, voilà ce qui
frappe ses premiers regards.

La manière de cultiver, de bâ-
tir, ne ressemblait à rien de ce
que Théodore avait vu à Lima
ou dans ses environs. Il jugea
que les habitans ne devaient pas
être espagnols : il n'avait donc

N° 1.   h

plus d'ennemis à redouter. Tout annonçait un peuple civilisé; il pouvait donc compter sur des secours. Il retrouva un de ces intervalles de calme et de satisfaction, où le cœur aime à se reposer sur lui-même : il se désaltéra, il cueillit, mangea quelques ignames, et il avança dans le pays.

Il avait à peine fait cent pas, qu'il aperçut cinq à six hommes assis sous un platane. Ils étaient vétus d'une espèce de tunique blanche; une ceinture de diverses couleurs leur serrait les reins; un bandeau tissu de plumes brillantes et droites leur ceignait le front; leurs traits lui parurent agréables, leur phisionomie douce : c'étaient sans doute des amis qui allaient lui tendre une main bienfaisante.

En s'approchant d'eux, il remarqua des arcs, des carquois, des massues, jetés çà et là sur la mousse. La vue de ces armes n'altéra point sa sécurité; il allait les aborder sans défiance. Mais aussitôt que ces hommes l'eurent aperçu, ils se levèrent précipitamment, et bandèrent leurs arcs en poussant de grands cris. Théodore déploya devant eux un mouchoir blanc; ils continuèrent à se mettre en défense. Déjà ils cherchaient dans leur carquois la flèche la plus aiguë; il faut encore qu'il dispute sa vie à la mort, qui sans cesse se reproduit sous une forme nouvelle. Une touffe d'arbres antiques et serrés est à peu de distance ; il court de ce côté ; les flèches volent, elles sifflent, il n'est pas frappé, il court plus vîte encore : ses nouveaux ennemis volent sur ses pas.

Il va entrer dans ce bois ; mais il n'échappera point à des hommes frais, et légers comme le vent : ils sont prêts à le saisir. Les arbres le garantiront au moins de leurs massues ; il pourra leur parler par signes, leur faire entendre qu'il est malheureux, et qu'il se met à leur merci : il fait encore un effort, il parvient sous l'ombrage tutélaire, où personne n'osera l'attaquer.

Tout devait l'étonner dans cette inconcevable journée. Ceux qui le poursuivaient, s'arrêtent sur le bord du bois , et s'inclinent avec respect. Théodore juge que ce lieu est consacré au culte , et considéré comme un refuge sacré et inviolable. Il reprend courage ; il s'enfonce dans ce bocage sombre et silencieux. Des tombeaux , plus ou moins anciens , confirment l'opinion qu'il a conçue : leurs portes sont en cèdre ; les gonds et les pentures sont en or.

Au détour d'un de ces tombeaux , il est frappé d'un spectacle aussi imposant qu'inattendu. Des colonnes d'or massif soutiennent une coupole ouverte , au-dessus d'un autel d'où jaillit une flamme bleuâtre ; des deux côtés de l'autel , s'étendent circulairement des gradins couverts de tissus de coton de diverses couleurs, et dans le fond du sanctuaire est l'image du soleil, en lames d'or qui se prolongent depuis le haut de la coupe jusqu'au carreau artistement ciselé en argent; les murs, à droite et à gauche, sont décorés de bas-reliefs en or, représentant les atrocités de Pizare et de ses compagnons; contre un de ces murs est une statue du même métal, grossièrement faite. Théodore reconnaît l'habit ecclésiastique espagnol du quinzième siècle. « Ah, dit-il, » c'est sans doute l'image du ver- » tueux Las-Casas, que ce bon » peuple reconnaissant adore : il » est donc vrai que la mémoire

» de l'homme de bien ne meurt
» jamais ; elle passe de génération
» en génération, portée sur les
» ailes du temps ».

Il s'arrête, il admire, et bientôt
un objet nouveau va lui faire oublier le temple, ses dangers, lui-
même, l'univers. Une prêtresse
est à genoux devant l'autel ; son
visage est tourné vers l'image du
soleil, et Théodore ne voit encore
que ses habits ; mais ces habits
même laissent deviner des grâces,
que rien ne cache jamais. C'est
une robe longue et blanche comme
la neige ; un voile de la même
couleur flotte sur les épaules,
descend en plis ondoyans, et joue
sur le carreau au gré de l'air qui
le soulève ; l'or et l'argent, ingé-

nieusement mêlés, relèvent la
blancheur de l'étoffe, et brillent
sur les bords du voile, sur le pour-
tour des manches et du bas de la
robe; une couronne de fleurs na-
turelles, que sans doute on re-
nouvelle tous les jours, unit la
simplicité de la nature à ce que
l'art a de plus recherché.

La taille svelte de la prêtresse
annonce la première jeunesse, et
un pressentiment secret la pare
des attraits touchans de la beauté.
Une femme jeune est ordinaire-
ment sensible; une femme belle
donne un prix inestimable au
moindre bienfait : Théodore s'approche avec réserve, avec timidité; il ne se dit pas qu'il est beau,
mais il ne peut l'avoir oublié, et

il pense que des vœux qui vraisemblablement proscrivent l'a-
mour, ne défendent pas la pitié.
Azili entend marcher, elle se
tourne ; son voile est levé : c'est
la fraîcheur et l'éclat de l'aurore
d'un beau jour. L'habit européen
lui inspire d'abord de l'effroi ;
mais Théodore a pris l'attitude
d'un suppliant ; elle ne voit dans
ses traits que de la douceur, et
ce n'est point à genoux qu'on
médite des forfaits, et on ne veut
point de mal à l'objet qu'on fixe
avec tendresse. Azili se remet, et
sourit du rire séduisant de la can-
dide innocence. Théodore, en-
chanté, ravi, est incapable de
proférer une parole ; son ame tout
entière a passé dans ses yeux ; son

sang circule avec plus de force,
il échauffe, il embrâse son cœur :
Théodore sent qu'il aime pour la
première fois.

Azili, de son côté, éprouve un
trouble inconnu, et se laisse aller
au charme qui l'entraîne. Elle ne
se reproche rien, parce qu'elle
ne prévoit pas de danger. Ces
deux êtres touchans, arrêtés à
quatre pas l'un de l'autre, se regardent, et ne se lassent pas de
se regarder. Azili, moins émue,
rompt le silence la première. «Bel
» étranger, que veux-tu »? Sa
voix douce, flexible, harmo-
nieuse, achève l'enchantement.
Théodore, hors de lui, ne pense
pas à répondre : l'ingénue et di-
vine prêtresse répète sa question.

C'est la langue péruvienne qu'elle a fait entendre au jeune homme, et cette langue lui est familière. Il a vu des péruviens esclaves à Lima, il s'est souvent entretenu avec Corambé. Cet idiôme, abondant en voyelles, est d'une prononciation facile; un peuple cultivateur a peu d'idées, il emploie donc peu de mots, et Théodore en savait assez pour bien entendre, et être lui-même intelligible. Il commence le récit de ses infortunes, et sa voix fait sur Azili l'impression que la sienne a faite sur Théodore. Elle l'écoute avec le plus vif intérêt; elle soupire quand il peint ses périls; elle sourit quand il renaît à l'espérance.... L'espé-

rance! imprudente, bientôt tu
ne la connaîtras plus.

Elle ne sait pas ce qu'elle peut
pour Théodore, mais elle voudrait pouvoir tout. Elle doit haïr
les Européens; mais ceux qui ont
massacré ses ancêtres, ne ressem-
blaient pas sans doute à ce beau
jeune homme. Aucun profane ne
peut entrer dans l'intérieur du temple; mais l'étranger ignore les usages et les lois. Il est malheureux,
son dieu veut qu'elle le soulage;
des péruviens ont attenté à sa vie,
elle doit leur épargner un crime.
Mais où cacher l'infortuné? Elle
ne peut sortir de l'enceinte du
temple, et ses compagnes et les
prêtres du soleil seront-ils aussi
compatissans qu'elle? S'ils allaient

le livrer , s'ils répandaient son sang en expiation du sang versé par les espagnols.... Cette seule idée la fait frémir d'horreur. Elle se lève , elle prend Théodore par la main , elle le guide au milieu des tombeaux. « Voilà, lui dit-elle, » voilà celui du grand Capana , » notre père à tous, le fondateur » de cette heureuse colonie. S'il » t'eût rencontré, il eût fait comme » moi , car Capana fut toujours » l'appui de l'homme faible et » bon. Que son tombeau te serve » d'abord d'asile; plus tard, mon » dieu m'inspirera ».

Elle ouvre la porte du monument; Théodore , pénétré de reconnaissance, ivre déjà d'amour, y entre en la bénissant : la jeune

N° 1. k

prêtresse l'enferme soigneusement, et retourne à l'autel.

C'est là que, seule avec sa conscience, elle s'interroge, elle s'examine sévèrement. Elle a regardé un homme, elle s'en est laissé voir. Cet homme est proscrit par les lois de son pays; elle-même a juré une haine éternelle à tout ce qui est Européen; elle est forcée de s'avouer qu'elle a violé ses vœux, et cependant elle n'éprouve pas de remords. Que fera-t-elle? Oser continuer de voir Théodore, de lui parler, de le secourir, sa pudeur s'en alarme, ses préjugés religieux se réveillent. Trahir un jeune homme qui lui a confié le dépôt de sa vie.... le trahir! ce serait une perfidie,

une lâcheté, une cruauté inouie.
Mais ses vœux..... ses vœux ! Elle
se prosterne devant l'image de
son dieu, elle le prie d'éclairer
son inexpérience, de guider sa
timidité. Elle redescend dans son
cœur : elle n'y trouve que ce
calme doux qui suit une bonne
action. « Le ciel se manifeste,
» dit-elle : je m'expose sans doute,
» mais cet infortuné vivra ».

Au déclin du jour, une de ses
compagnes vint la relever, et
veiller à l'entretien du feu sacré :
Azili rentra dans l'enceinte qu'ha-
bitaient les prêtresses. Théodore
a des besoins sans doute ; elle
conserve sa part des alimens qu'on
a distribués. Ses habits sont en
lambeaux ; elle prend un rou-

leau d'étoffe de coton, et elle se
dérobe à la faveur de l'obscurité.
Tremblante, agitée, elle suit d'un
pas incertain les détours qui la
conduiront mystérieusement au
tombeau de Capana; elle y arrive
sans avoir été aperçue; elle ouvre
doucement, bien doucement,
elle se penche, elle appelle à voix
basse; Théodore monte les degrés. Elle lui présente un vase
plein de lait, un gâteau de maïs,
de quoi se vêtir et se coucher : il
reçoit des mains de la beauté, ces
secours qu'elle ne croit offrir encore qu'à l'humanité souffrante.

La porte du tombeau est refer-
mée; Azili est rentrée sous son
toit naguères si paisible, et d'où
un regard de Théodore a banni

la paix sans retour. Elle invoque le sommeil, et le sommeil la fuit : l'image de Théodore se reproduit sans cesse, et Théodore, du fond de son tombeau, ne voit, ne pense, ne rêve qu'Azili.

Il est temps d'expliquer comment une peuplade de péruviens se trouve cachée au sein d'une montagne, au milieu même des possessions espagnoles.

Le jour horrible, ce jour que l'Espagne voudrait effacer des fastes de l'histoire, où Pizare reçut Atabalipa, qui venait à lui comme allié, Capana était au nombre des grands qui composaient la suite de l'empereur du Pérou. Atabalipa était porté sur un trône d'or, les armes de ses

troupes étaient couvertes de ce
métal : il n'en fallait pas tant pour
allumer la cupidité dans des ames
féroces. L'infortuné monarque ne
proféra que des paroles de paix ;
Pizare y répondit avec du canon.
Il est facile de se représenter l'effet
que fit sur les Péruviens la vue
des chevaux qui les écrasaient, le
bruit de l'artillerie et de la mous-
queterie, semblable à la foudre,
et tuant plus surement. Ces malheureux prirent la fuite ; leur précipitation les renversait les uns
sur les autres : on en fit un carnage affreux. Une foule de princes
de la race des Incas, la première
noblesse, tout ce qui formait la
cour d'Atabalipa, fut égorgé : on
ne fit grâce ni aux femmes, ni

aux vieillards, ni aux enfans, accourus de toutes parts pour voir leur empereur que Pizare fit prisonnier, et qu'il fit condamner à mort par des juges aussi pervers que lui.

Capana, par une espèce de miracle, échappa à cette horrible boucherie. Homme d'un sens droit, il jugea que les armes des espagnols les rendraient victorieux par tout, et leur cruauté lui fit pressentir dès-lors la ruine absolue de sa patrie. Il ne chercha point à s'ensevelir sous ses débris, il évita une mort inutile au bien de tous; il résolut de vivre pour une épouse chérie, pour de faibles enfans dont il devenait l'unique espoir, pour ceux de ses malheureux compatriotes qui pourraient se joindre à lui. Il courut à son palais : les larmes aux yeux et le désespoir dans le cœur, il raconta la scène atroce dont il avait été témoin. Il laissa à ses ennemis son or et des effets qu'on appelle précieux, et il mit en sureté ses véritables richesses : il cacha dans les montagnes son intéressante famille.

Tous les jours quelques malheureux, errans, fugitifs, le rencontraient, et en étaient accueillis et caressés. Insensiblement il se trouva à la tête d'une peuplade qui, d'une voix unanime, le choisit pour son chef : mais, plus le nombre des proscrits augmentait, plus il était difficile de vivre ignorés. A la vérité, les espagnols ne s'étaient pas encore répandus dans les montagnes où sont les mines les plus abondantes : ils pillaient les palais, les maisons, où l'or se trouvait sans travail ; mais cette ressource devait s'épuiser bientôt, et l'avarice ne manquerait pas d'en chercher de nouvelles. L'esclavage ou la mort attendait tôt ou tard Capana et les siens, s'ils ne trouvaient un asile inconnu, inaccessible, où l'homme de bien pût vivre et mourir en paix.

Le bon, l'infatigable Capana parcourait les Cordilières, et ne trouvait aucun endroit où l'avide espagnol ne pût pénétrer. Désolé, inquiet, il revenait le soir consoler sa triste famille, et oublier, dans les bras de son épouse, sa douleur et les fatigues de la journée.

Il fallut enfin qu'il s'écartât davantage, et la nature du terrain ne lui était pas toujours favorable. Il marchait un jour à découvert, lorsqu'il fut aperçu par un gros d'espagnols que Pizare avait envoyé à la recherche des mines. Il n'était pas à présumer qu'ils pensassent à poursuivre un homme seul qui ne devait pas les inquiéter; mais, soit que leurs guides les eussent fait changer de route sans objet déterminé, soit qu'ils espérassent tirer des renseignemens certains de Capana, qu'ils prirent vraisemblablement pour un habitant des montagnes, ils marchèrent droit à lui.

Le prince indien, plus justement alarmé que Théodore, prit la fuite comme lui, et sa bonne fortune le conduisit au pied du Cayambur, au lieu même où, avec du courage et de la persévérance, on peut le gravir sans danger. Cette partie du mont est cachée à droite et à gauche par des saillies de rochers si considérables, que Théodore ne l'avait pas aperçue, quelqu'intérêt qu'il eût à bien voir; et ce fut peut-être ce qui sauva Capana. Les espagnols le perdirent de vue, et quel qu'ait été leur dessein, il les vit de la plate-forme re-

tourner sur leurs pas, et repren-
dre leur première direction.

Toujours plein de son projet,
Capana examina l'espèce d'espla-
nade où le hasard l'avait poussé.
L'entrée de la caverne n'était pas
masquée alors par des broussailles; il la découvrit facilement
à travers les arbustes : elle lui
parut étroite, mais profonde; et
il sentit combien elle pouvait être
utile à ses vues. Le jour, elle
recélerait ses péruviens; la nuit,
il en sortirait une partie pour
aller cueillir des fruits, surprendre des lamas sauvages, puiser
de l'eau : on arracherait des flancs
de la seconde montagne, des quartiers de roche qu'on roulerait
sur les espagnols, s'ils décou-

vraient cette retraite, et qu'ils osassent l'attaquer ; enfin on attendrait dans ce lieu le moment, peu éloigné peut-être, où les ennemis, se disputant les dépouilles des péruviens, s'égorgeraient entr'eux, et où leur mort laisserait aux vaincus la liberté d'habiter et de cultiver encore la terre qui les avait vu naître.

Ce plan arrêté, Capana n'en différa l'exécution que jusqu'à ce qu'il eût reconnu l'étendue de la caverne, et les moyens de la rendre habitable. Il retourna auprès des siens ; il leur fit part de sa découverte, et sans perdre un instant, il se fit suivre par quelques hommes déterminés qui por-

taient des provisions, et des flambeaux d'un bois sec et résineux.
Ils arrivèrent à la caverne, ils s'y
enfoncèrent, et furent affligés
de voir que la nature avait laissé
presque tout à faire à l'art : cependant ils continuèrent d'avancer,
impatiens de trouver le fond du
souterrain. Au lieu de se voir
arrêter, comme ils l'avaient prévu, ils pénétrèrent enfin jusqu'à
cette vaste plaine, où la terre
n'attendait qu'un peu de culture
pour prodiguer les vrais trésors.
Ils saluèrent cette terre protec-
trice, où ils pourraient suivre
leurs lois, et pratiquer leur culte ;
ils s'applaudirent des obstacles
qui se présentaient à chaque pas
à ceux qui voulaient traverser la

caverne, et, pleins de la plus vive joie, ils se hâtèrent de l'aller faire partager à leurs compagnons.

Au point du jour suivant, la colonie prit la route de l'asile où elle allait vivre séparée du monde entier. Plus de larmes, plus de soupirs : l'époux soutient gaîment sa compagne qui lui sourit ; la jeune mère caresse l'enfant qu'elle va allaiter en paix, et qu'elle élèvera loin de ses bourreaux ; tous sont chargés des étoffes, des meubles, des instrumens mécaniques et aratoires qu'ils ont sauvés de la destruction générale : ils ne sentent pas leurs fardeaux, cette marche est une fête.

On employa la journée entière

à gravir le mont. L'enfance et la vieillesse avaient besoin d'appuis, et on se pressait religieusement autour d'elles ; le fils, dans la force de l'âge, suit son vieux père qui chancelle, et s'expose, pour le garantir, à rouler lui-même de roche en roche ; la fille présente à sa mère infirme une main conservatrice ; la tendre épouse porte dans ses bras le dernier fruit de son amour, elle est entourée, soutenue par les aînés qui veillent sur elle, et qui cherchent à lui aplanir le chemin ; l'amant aide à sa maîtresse, et l'ami à son ami ; pas un espagnol dont l'aspect répande les alarmes, et trouble cette longue et pénible opération ; le ciel

semble prendre sous sa protection les restes d'un peuple innom-
brable qu'on égorge lâchement
en son nom.

Quand les derniers eurent at-
teint la plate - forme, tous se tour-
nèrent vers Quito. L'ancienne
ville était brûlée ou détruite ; la
fertile plaine qui la nourrissait,
était inculte et abandonnée : les
espagnols ne cherchaient que de
l'or. Ce spectacle de désolation
arracha des larmes de tous les
yeux. « Cessez, dit Capana, de
» regretter ce que votre dieu vous
» ôte, et bénissez-le pour ce qu'il
» vous donne. Vous êtes étonnés
» que cette terre ne produise plus :
» hé, que peut-elle produire, souil-
» lée de crimes, et noyée sous

N° 1.   n

» les flots de notre sang ? Ce
» sont des mains pures, c'est
» de la sueur, de l'eau que la
» terre demande; venez féconder
» celle-ci ».

Aussitôt on se précipite vers
l'entrée de la caverne, et on
arrive, avec le jour, dans la nouvelle patrie; on roule des pierres,
des troncs d'arbres, on bouche
l'ouverture supérieure du souterrain, on se sépare du reste des
humains, et on commence les
travaux avec ordre, intelligence
et courage.

Une vaste portion de terre est
couverte d'or; on enlève cette
croûte inutile : la patate, l'igna-
me, le maïs la remplacent. Bientôt le cotonnier, le palmier, le

cocotier, le bananier émondés
et taillés, donnent de meilleurs
fruits, et étendent leur ombrage;
des habitations régulières sont
élevées ensuite; enfin ces monceaux d'or se convertissent en un
temple magnifique : que n'a-t-on
toujours employé ce métal à un
semblable usage !

Le règne de Capana fut doux
et paisible comme le peuple qu'il
gouvernait. Il vécut adoré, et
mourut pleuré de tous les siens :
ses cendres respectables furent
déposées sous le bois sacré qu'a-
vaient planté ses mains. Ses successeurs, pleins de respect pour
sa mémoire, maintinrent jusqu'à
ses moindres institutions; et sous
eux, comme sous Capana, les

enfans sucèrent avec le lait l'horreur pour les Européens, et l'a-
mour de leurs lois.

Mais, comment Théodore eut-
il tant de peine à trouver l'entrée
de cette caverne, et comment le
passage était-il libre sur toute la
longueur du souterrain ?

Ce qu'avait prévu Capana, était
arrivé. Pizare et ses lieutenans,
ses lieutenans et d'autres ambi-
tieux, s'étaient fait une guerre
cruelle, et le bruit du canon
avait retenti dans les entrailles
du mont Cayambur. Les Péruviens ne doutèrent point alors
qu'ils ne touchassent au moment
de retourner sur le sol chéri; ils
rouvrirent le haut de la caverne
à force de bras et de temps, et

ils s'assemblèrent pour choisir quelqu'un d'entr'eux, qui irait savoir ce qui se passait dans la plaine. Capana déjà âgé, ne voulut cependant confier à personne le soin d'une mission aussi délicate que périlleuse : il déclara qu'il irait à Quito. Les prières, les larmes de ses enfans, de ses sujets, rien ne put le détourner de ce dessein; il déposa les marques de sa dignité, prit un vêtement simple, et partit.

Il revint peu de jours après, triste, abattu, se soutenant à peine. On l'entoure, on le presse, on l'interroge. Il raconte que leurs ennemis s'étaient livré plusieurs batailles sanglantes, et s'étaient tellement affaiblis, que les Péruviens, dispersés, fugitifs, avaient osé se rassembler, et prendre les armes. Déjà six cents espagnols étaient tombés sous leurs coups, déjà ils assiégeaient Cusco et Lima ; tout annonçait le rétablissement de l'ancien empire du Pérou, lorsque des renforts considérables étaient arrivés d'Europe, et avaient détruit de si flatteuses espérances. Le massacre des Péruviens avait recommencé avec une nouvelle fureur, et, las enfin d'égorger, on avait condamné aux travaux des mines ce qui restait de ces infortunés.

Cependant, les mesures qui avaient échoué cette fois, pouvaient réussir dans d'autres cir-

constances et on résolut, à Cayambur, d'envoyer tous les ans un dé-
puté à Quito, pour connaître la
situation des affaires. On n'avait
rouvert la caverne que par un travail pénible qu'on ne pouvait se
résoudre à renouveler fréquem-
ment : on décida donc que le
passage resterait ouvert ; qu'on
déroberait à tous les yeux l'entrée inférieure du souterrain, en
y plantant des ronces, des broussailles, des maugles ; qu'on établirait au haut une garde continuelle : et comme il ne pouvait
passer qu'un seul homme à la
fois, il paraissait facile de tuer
les uns après les autres les espagnols qui se présenteraient.

La surveillance de cette garde

fut long-temps exacte et sévère;
mais tout s'altère insensiblement.
Après deux cents ans de calme et
de prospérité, on ne désira plus
d'autre patrie, on cessa d'envoyer
à Quito, on ne continua la garde
que parce que Capana l'avait éta-
blie, et ce service se faisait avec
négligence. C'est à ce relâchement
que Théodore avait dû la facilité
avec laquelle il avait pénétré dans
le vallon.

Villuma, qui gouvernait alors
Cayambur, unissait comme ses
prédécesseurs, le sceptre au pontificat. C'était un homme de quarante ans, dont les lumières na-
turelles n'étaient point obscurcies
par les vices de l'éducation. Il
avait un grand caractère, beau-

coup d'énergie, et il joignait à
ces qualités si nécessaires aux sou-
verains, l'amabilité qui fait süp-
porter le pouvoir absolu. Essen-
tiellement bon, son autorité ne
tendait qu'au bien général. On
ne pouvait lui reprocher qu'une
erreur et qu'une faiblesse; l'une,
de croire sur la foi de ses pères,
que tous les Européens sont des
monstres; l'autre, de les détester
et de les craindre également.

Il préparait tout pour célébrer
l'anniversaire du jour où Capana
avait fondé l'heureuse colonie.
Le temple était jonché de fleurs;
l'encens, le cèdre, l'aloès brû-
laient sur l'autel; les prêtres et
les vierges étaient rangés dans le
sanctuaire, le peuple se portait

en foule dans le parvis, qui lui était ouvert pendant ces solemnités; Villuma allait chanter l'hymne sacré, quand la grande prêtresse Anaïs perce la foule, s'approche de lui, et lui apprend qu'un européen s'est introduit dans Cayambur, et qu'on ne le trouve plus.

Les péruviens qui avaient vu entrer Théodore, qui l'avaient laissé échapper, se reprochaient intérieurement leur négligence, et redoutaient, non la sévérité, mais la justice de Villuma : ils n'osèrent donc divulguer un événement aussi extraordinaire qu'alarmant. Cependant d'autres européens pouvaient suivre celui-ci; l'intérêt public, leur sûreté personnelle étaient au moins expo-

sés, et, craignant de déclarer ou-
vertement ce qu'ils savaient, ils
s'ouvrirent à des amis intimes
qui répandirent sourdement que
Cayambur était menacé.

D'après les préjugés dans lesquels Villuma avait été élevé, il
devait être frappé de ce que lui
avait dit Anaïs. Il frémit des maux
incalculables que pouvaient faire,
selon lui, un ou plusieurs européens à un peuple qui n'avait su
encore que tomber à genoux et
tendre la gorge. Cependant il
conserva la sérénité de son visage; il promena ses regards sur
l'assemblée : les fronts lui semblè-
rent calmes. « La multitude pa-
» raît ne rien savoir, dit-il à Anaïs;
» si vos craintes sont fondées, il

» sera temps de l'instruire : jus-
» que-là respectons son repos ».
Il détacha quelques incas, avec
l'ordre de chercher , d'arrêter
l'européen, et de doubler la garde
à l'entrée de la caverne.

Toujours maître de lui, il donne
le signal. Les flûtes, les trompettes
ouvrent la fête ; Villuma , avec
une tranquillité apparente, commence le chant auguste.

Toi , qui verses sur la nature
Des flots d'intarissables feux ,
Comme toi, notre offrande est pure :
Soleil, daigne exaucer nos vœux.

LES VIERGES.

Tu t'élances dans la carrière :
Le pâle flambeau de la nuit
Se cache devant ta lumière ,
Et son éclat s'évanouit.

LES PRÊTRES.

Loin de toi, la terre souffrante
Languit sans force et sans chaleur ;
Tu parais, la terre est vivante,
Et rend hommage à son auteur.

Le peuple reprend chaque strophe en chœur, et Villuma et Anaïs descendent les gradins au son d'une musique majestueuse. Les vierges, couvertes de leurs voiles, marchent après eux. Parmi elles, on distingue Élina et Méloë, à peine sorties de l'enfance : elles ont fait vœu de chasteté, et ne savent pas encore ce que c'est qu'être chaste. L'une porte un vase d'or plein de lait, l'autre, une corbeille chargée de fruits ; les prêtres suivent ces intéres-

N° 1.   P

santes victimes : les incas et le
peuple ferment le cortége, qui
descend au tombeau de Capana.

La sensible, la tremblante Azili
est au milieu de ses compagnes.
Il lui, semble que tous les yeux
pénètrent à travers la voûte, et
découvrent Théodore : les siens
sont constamment fixés sur ces
pierres jusqu'alors insensibles et
froides, maintenant animées par
la présence d'un homme trop
cher. Elle voudrait écarter tout
ce qui en approche ; elle se con-
tient à peine quand on y touche ;
heureusement son voile, confident discret, lui sert à cacher son
trouble et sa rougeur.

Depuis que Théodore a vu
Azili, il sent combien il est doux

de vivre, et ce lugubre tombeau, où elle viendra le retrouver sans doute, est pour lui le séjour céleste. Mais que signifient cette pompe, ces chants ? Vient-on l'arracher de l'asile chéri où la beauté a daigné lui sourire ? Va-t-on le sacrifier au dieu des Péruviens ? Azili, sa chère Azili s'est-elle perdue elle-même en voulant le sauver ?..... Infortuné jeune homme, tu dois donc éprouver alternativement tous les genres de peines qui peuvent accabler un mortel.

Elina et Méloë déposent sur le tombeau ce lait, ces fruits, tribut que la reconnaissance et le respect publics offrent aux mânes de Capana ; on s'éloigne en silence de ce lieu révéré : Azili renaît, Théodore respire.

Cependant Villuma n'a cessé de penser à ce que lui a dit Anaïs. Il profite du moment où le peuple est assemblé, pour perdre d'avance l'européen dans son esprit, pour l'armer contre lui, s'il est capable de violence, ou le prémunir contre des dehors séduisans et doux, qui lui paraissent plus à craindre encore ; il remonte vers le parvis, et montrant de la main les bas-reliefs qui le décorent : « Les voilà, » s'écrie t-il, les voilà ces for- »faits que nous croyons à peine, » que nos descendans ne pour- » ront jamais croire ; les voilà » gravés sur les murs de ce par-

» vis sacré. Ici, des milliers d'hom-
» mes sont immolés à la soif de l'or;
» là, des milliers d'hommes, con-
» damnés à d'éternelles ténèbres,
» languissent au sein de la terre
» dont ils déchirent péniblement
» les entrailles; plus loin, des mères
» pleurent sur leur sein desséché
» par la misère, et mêlent leur
» dernier soupir à celui de leur
» enfant; le détestable Valverde
» annonce son dieu, le poignard
» à la main, et plante la croix
» sur des monceaux de cadavres...
» Les voyez-vous, les voyez-vous
» ces monstres qui outragent la
» nature : ils ouvrent sans pitié
» le sein qu'elle avait fécondé ;
» ils en arrachent l'innocent, ils
» mettent ses membres en lam-

» beaux, ils les font dévorer par
» des chiens.... Race impie, race
» à jamais abhorrée, je te maudis
» au nom de tes innombrables vic-
» times. Jurez avec moi, jurez, Pé-
» ruviens, de ne faire grâce à au-
» cun, si le hasard vous en livrait
» jamais». Le peuple répète le serment; Théodore pâlit au fond de
son tombeau; Azili défaillante sent
ses genoux ployer sous elle : une
vierge la soutient, et l'emmène.

« Ceux qui savent détester le
» crime, poursuit Villuma, ai-
» ment à honorer la vertu. Voici
» l'image du respectable ami du
» Mexique et du Pérou, le voilà
» ce Las-Casas, dont une main
» peu exercée nous a transmis les
» traits : remercions-le au moins

» du bien qu'il aurait voulu faire »;
et Villuma pose une couronne de
fleurs sur la tête du vertueux
espagnol.

La fête terminée , le peuple ,
les vierges, les prêtres rentrèrent
dans leurs demeures , et Villuma
fut se renfermer dans son palais :
il y était attendu par les incas
qu'il avait envoyés à la recherche
de l'européen. Ils lui déclarèrent
à regret qu'ils n'avaient pu exécuter qu'une partie de ses ordres.
Une garde choisie et nombreuse
était placée à l'ouverture même
de la caverne, et le profond silence qui régnait dans l'intérieur,
les portait à croire que l'européen
était seul ; mais , quelqu'exactes
qu'eussent été leurs perquisitions,

ils n'avaient pu le découvrir :
ils avaient seulement appris qu'il
s'était d'abord réfugié dans le
bois sacré, où personne n'avait
osé le suivre. On ne l'avait pas
revu depuis.

Il était clair alors que des prêtres ou des vierges lui avaient
donné un asile. Cette violation
de leurs vœux et des lois n'était
pas ce qui révoltait Villuma :
dès long-temps il avait osé fixer
le soleil ; il avait deviné cette
main créatrice qui, se cachant
derrière le globe étincelant, nour-
rit et féconde sa lumière ; il ado-
rait en secret ce dieu invisible
qu'on sent, et qu'on n'explique
pas ; et s'il maintenait les erreurs
de son culte, c'est qu'elles lui

étaient utiles en le rendant maître des opinions; s'il affectait de
l'enthousiasme, c'est qu'il en connaissait la puissance sur le vulgaire, qui le partage facilement,
et qui lui doit son courage, et
souvent des vertus.

Ce qui indignait et affligeait à
la fois le pontife, c'était l'oubli
des droits et de la sûreté de la
patrie. Ce mépris du devoir le plus
saint, dans les ministres même du
culte, lui faisait craindre des opinions nouvelles qu'il fallait au
moins comprimer : sans expé-
rience et sans étude, il pressen-
tait que l'esprit d'innovation doit
être père du désordre. Il ordonna
de nouvelles recherches dans le
temple, dans la demeure des prê-

tres, dans son propre palais, et il chargea Anaïs de visiter rigoureusement l'asile des vierges.

Ce n'est pas qu'avec un peu de réflexion Villuma n'ait senti qu'un être isolé, quelque terrible qu'il pût être, ne pouvait penser à employer la force ; mais sa prévoyance inquiète saisissait, embrassait tout. « La cupidité, qui » probablement guide cet homme, » dit-il aux incas, sait multiplier » ses ressources. Cet émissaire de » vos ennemis, cache, dites-vous, » ses coupables projets sous les » grâces de la jeunesse : c'est par » là sans doute qu'il compte vous » intéresser, c'est par là qu'il pré- » parera votre ruine.

» Si vous le souffrez au milieu

» de vous, il parlera le langage
» de la vertu, il aura le ton de
» la touchante humanité ; la vé-
» rité sera sur ses lèvres, et la
» perfidie dans son cœur. Il em-
» ploiera la persuasion, il abu-
» sera l'inexpérience ; il vous éloi-
» gnera insensiblement de vos
» usages et de vos mœurs ; il
» éteindra votre haine pour les
» bourreaux de vos pères, il vous
» rapprochera d'eux, il leur ou-
» vrira enfin l'entrée de ce vallon.

» Si vous le renvoyez parmi les
» siens, il éclairera leur insatiable
» avarice. Ces hommes à qui rien
» ne résiste, forceront les bar-
» rières que leur oppose la na-
» ture ; ils se répandront parmi
» vous comme un torrent destruc-

» teur; ils·porteront par tout le
» fer et le feu·, la désolation et
» la mort. Je vois ce temple ren-
» versé, vos moissons détruites,
» vos épouses, vos enfans fuyant
» leurs toits embrâsés, vous appe-
» lant à grands cris, vous serrant.
» dans leurs faibles bras, et tom-
» bant à vos pieds sous le glaive
» exterminateur ! Vous relevez,
» vous pressez ces restes inani-
» més; une larme s'échappe de vos
» yeux; cette larme est un crime,
» et votre sang se mêle à celui des
» victimes que vous pleurez. Votre
» dieu indigné retire sa lumière;
» à l'aube du jour il cherche ses
» enfans, et leur race n'est plus.
» Il n'éclaire que des cadavres,
» des brigands et de l'or. Qu'on

» cherche, qu'on trouve l'euro-
» péen, et qu'il meure. Qu'il
» meure, répètent les incas, ani-
» més par ce discours prophé-
» tique ».

Ils se répandent parmi le peuple ; ils soufflent, ils inspirent
par tout la sainte fureur qui les
agite.

Mais que devient Azili, quand
elle entend ces cris de proscrip-
tion, quand elle voit les prêtres
et ses compagnes courir çà et là,
cherchant l'infortuné. Elle s'é-
chappe du milieu du tumulte, du
désordre même qui règnent dans
le temple, elle court vers le bois
sacré. Craintive, éperdue, elle
regarde du côté des tombeaux :
personne ne s'en est approché,

N° 1.   r

personne ne s'en approche, soit
qu'ils aient échappé à l'attention, que trouble l'inquiétude,
soit qu'on ne suppose point qu'il
soit possible de profaner l'asile
des morts, et d'insulter à leurs
cendres.

Le tombeau de Capana a pour
elle la vertu de l'aimant : une force
irrésistible l'y attire ; irrésolue,
incapable de prendre un parti, elle
sent cependant qu'il faut se déterminer, et rien de satisfaisant ne
se présente à son esprit. Garder
Théodore, tout le lui défend : il
faudrait donc qu'il passât sa vie
dans le fond d'une tombe obscure ;
l'éloigner ? son cœur, sa vie, il
emportera tout : elle craint de se
le dire, elle ne peut se le dissi-

muler. N'importe, il ne vivra
point dans des privations, dans
des alarmes continuelles : il faut
qu'il parte, il faut l'y préparer.
Mais osera-t-elle en plein jour
ouvrir ce tombeau, et parler à
l'étranger ?

La femme la plus innocente
ne se trompe point sur les sentimens qu'elle inspire : Azili prévoit qu'elle aura à combattre des
prières, des larmes, et peut-être
des refus obstinés. On ne persuade pas aisément à un homme
de vingt ans, de s'arracher à ce
qu'il adore ; l'entretien doit donc
être long. Si elle le remet à la
nuit, Théodore, rassuré par les
ténèbres, résistera plus long-
temps encore, et perdra en

vaines contestations le moment favorable à sa fuite : il faut donc qu'elle lui parle à l'instant. Elle croit céder à sa raison, et l'imprudente n'écoute que les vœux impatiens de son cœur.

Elle se tourne vers l'autel; Elina garde le feu sacré; Méloë son amie, est auprès d'elle : une conversation enfantine les occupe sérieusement. Elina d'ailleurs ne peut s'éloigner du foyer; le tombeau de Capana est masqué par des arbres qui ne permettent pas qu'on l'aperçoive du sanctuaire: Azili se persuade qu'elle n'a rien à redouter. Funeste sécurité !

Elle ouvre, Théodore l'aperçoit, il vole ou haut des degrés, il prend une main qu'on ne pense

pas à retirer; il la baise avec respect, avec reconnaissance, il le
croit, au moins, et ce baiser
achève la perte d'Azili. Plus de
précaution, plus même de prudence. Il est assis sur une pierre
à côté du tombeau, elle est penchée sur lui; elle sourit, son œil
le caresse : elle oublie son dieu,
le temple, les prêtresses. Le mot
amour n'est pas prononcé encore :
hé, qu'importe le mot, lorsqu'ils
sont tout à la volupté!

Elle parle à son cher Théodore
des périls qui le menacent; Théodore l'interrompt, et ne parle que
d'Azili. Elle veut qu'il sorte de
Cayambur; il n'en a ni la volonté,
ni la force. « Ta vie est proscrite,
» lui dit-elle. — Te perdre, c'est

» mourir. — Et je meurs, si on
» te découvre. — Hé bien, vivons
» l'un pour l'autre. Un moyen
» assuré.... — Ah, par grâce, ne
» me le dis pas. — Quoi, ton
» dieu...... — Ne le blasphême
» point, c'est le dieu de mes pères.
» — Quoi, des vœux que repousse
» la nature..... — Ils ne m'enga-
» gent pas seule. Ma mère a ré-
» pondu de moi : veux-tu que je
» l'envoie au supplice? — Je se-
» rais criminel, si j'ajoutais un
» mot. — Théodore, ce soir, à
» la faveur de l'ombre, tu cher-
» cheras, tu trouveras l'entrée de
» la caverne. — Ce soir! — Tout
» tremble ici au seul nom de l'Eu-
» rope. Marque de la résolution,
» et la garde se dispersera devant

» toi. — Ce soir ! — Il le faut.
» — Je ne puis. — Fais quelque
» chose pour Azili ; prouve-lui ta
» reconnaissance. — Tu le veux ?
» — Je t'en conjure. — Hé bien,
» je partirai ; je quitterai des lieux
» où la divinité s'est manifestée
» sous tes traits. Et je partirai....
» seul ? Seul, répond Azili en sou-
» pirant et en détournant les yeux.
» Adieu donc, reprend Théodore
» avec le ton de l'extrême douleur. Adieu pour jamais, répète
» la jeune vierge, et des pleurs
» inondent son visage ».

Un effort surnaturel peut seul
l'éloigner du tombeau. Elle a le
courage de le faire ; mais elle a
la faiblesse de se retourner. Elle
voit Théodore à genoux, les bras

étendus vers elle : elle s'arrête ;
il lui est impossible de faire un
pas de plus, ses pieds semblent
cloués à la terre. Ses bras s'ouvrent involontairement; l'ardent,
le passionné Théodore court, et
s'y précipite. Elina et Méloë poussent un cri d'horreur; Azili y répond par un cri d'effroi.

Elle s'oublie elle-même pour
ne penser..... il faut trancher le
mot, pour ne penser qu'à son
amant. Elle le couvre de son
corps, elle le pousse vers le tombeau, elle l'y fait descendre, elle
oublie d'en fermer la porte; Théodore la tire après lui, et jure de
rester jusqu'à ce que le sort de
la prêtresse soit décidé.

La bonne, la compatissante

Azili ne croit pas que la jeunesse puisse être cruelle. Elle parle à ses compagnes, elle les presse, les supplie d'être humaines et discrètes : elle va apprendre que le fanatisme ne connaît ni considération, ni amitié; qu'il méprise l'humanité, qu'il foule aux pieds les liens du sang, qu'il étouffe enfin la nature. Elina et Méloë ne lui répondent que par des reproches et des menaces. Elle sort du temple, suffoquée de sanglots; elle va se préparer à subir la peine réservée aux prêtresses infidelles : et ce qui lui rendra la mort moins cruelle, c'est qu'Elina et Méloë ignorent en quel lieu elle a caché Théodore.

Cependant ces deux jeunes prê-

tresses, persuadées que leur dieu
même commande la cruauté, que
lui résister, c'est être sacrilége,
que se taire, c'est partager le crime
d'Azili; ces jeunes vierges, déci-
dées à l'accuser, n'étaient pas
tellement endurcies, que l'idée
du châtiment ne les fît frissonner.
« Je la vois mourir, dit Elina.
» J'entends ses cris, dit Méloë.
» — Mais si ses tourmens sont
» agréables à notre dieu? — A
» notre dieu? hé, n'est-il pas son
» père? Elina? — Méloë? — N'é-
» prouves-tu pas comme moi.....
» — Oui, des mouvemens de pi-
» tié. — D'intérêt, d'attachement.
» — Réprimons-les. — Oui, ré-
» primons-les. Tremblons, ado-
» rons, accusons. Tu demeures?

» — Et toi? — Je crains de m'ex-
» pliquer. — Ah, parle; les bons
» cœurs s'entendent et se répon-
» dent. — Si ces transports qui
» nous ont paru condamnables,
» n'étaient que l'effusion d'une
» ame sensible.... — Qu'un hom-
» mage à l'humanité. — Peut-être
» est-ce l'infortune qui a conduit
» cet étranger parmi nous. — Il
» est beau. — Il ne peut être mé-
» chant. — Il est seul. — Et un
» homme seul ne détruit pas un
» empire. — Azili est donc inno-
» cente. — Je le désire. — Je le
» crois. — Va donc la rassurer,
» la consoler, lui demander grâce.
» — Je l'obtiendrai : Azili ne sait
» point haïr. — Va, Méloë, va,
» mon amie ».

Elle y allait, lorsque Villuma, plus inquiet que jamais de l'inutilité de ses recherches, parut dans le sanctuaire, suivi des prêtres et des vierges. Persuadé que quelqu'un d'entr'eux recélait Théodore, espérant que le secret de sa retraite était connu de plusieurs, il voulait essayer encore la force des préjugés religieux pour obtenir enfin un aveu qui pouvait seul rendre le calme à son ame. Il flatta, il promit, il caressa, il alla jusqu'à la menace; 1 fit intervenir le ciel, il parla en son nom; les mouvemens qui l'agitaient, ajoutèrent à son éloquence naturelle une force irrésistible : elle fut telle, qu'Elina et Méloë, saisies d'un saint effroi, s'approchèrent d'Anaïs, et nommèrent Azili.

La malheureuse prêtresse était restée dans sa demeure, où elle cachait ses regrets, son amour, ses combats, son désespoir. Villuma se la fit amener dans le bois sacré, espérant que l'aspect de ce lieu révéré agirait puissamment sur de tendres organes, et préterait un utile appui à ses reproches et à ses prières. Il chérissait cette jeune vierge, et trop éclairé, trop grand pour être cruel, il désirait la sauver : il ne voulut donc aucun témoin de l'entretien qu'il allait avoir avec elle, et lorsqu'Azili parut, il renvoya tout le monde.

Il essaya d'abord de lui ôter les

N° 1.

moyens de rien nier, et même
de se défendre, en portant la
terreur dans tous ses sens : il
commença par lui déclarer net-
tement que la feinte serait inutile, parce que Méloë et Elina
avaient tout déclaré. « Elina,
» Méloë! répéta Azili, noyée dans
» les pleurs, suffoquée par les
» sanglots ; Elina, Méloë! les
» cruelles ! — Elles ont fait leur
» devoir, vous avez trahi tous
» les vôtres. Voilà l'image de ce
» dieu auquel vous avez consacré
» votre être, et pour qui seul
» vous deviez vivre; voilà l'autel
» où vous avez prononcé le ser-
» ment; voilà les restes précieux
» des fondateurs de cet empire;
» et ce lieu sacré, la sainte frayeur

» qu'il inspire, le silence auguste
» des tombeaux, rien ne parle à
» votre ame dégradée. La vérité
» vient errer sur vos lèvres, et je
» ne peux l'en arracher : une pas-
» sion insensée s'est emparée de
» votre cœur, vous avez rompu
» tous les liens qui vous atta-
» chaient à la vertu, vous n'avez
» de courage que pour le crime.
» Les forfaits de l'Europe, tracés
» sur ces murs, frappent ici vos
» yeux, et c'est ici même que
» vous pressez un européen dans
» vos bras. Votre inconcevable
» délire a tout souillé, tout infecté
» dans ce temple, jusques à l'air
» qu'on y respire ; la perversité
» est au comble : mes reproches
» même n'arrivent plus jusqu'à

» vous. Je ne les mérite pas, ré-
» pond Azili avec timidité. Vous
» méritez la mort, reprend Vil-
» luma d'un ton terrible. La mort!
» dit la victime glacée. — Vous
» connaissez la loi, elle est ter-
» rible, irrévocable. — La mort!
» — Vous frémissez. Oubliez votre
» erreur, et parlez-moi de vos
» remords. — Je n'en éprouve
» point.

   » — Aveuglement funeste! Azi-
» li, je devrais, n'écoutant que
» mon indignation, remplir à
» l'instant même mon fatal mi-
» nistère; mais je ne suis pas
» de ces prêtres ardens qui s'em-
» pressent d'offrir au ciel un tri-
» but de douleurs. Je me souviens
» que je fus votre père; je sens

» que je le suis encore ; je vou-
» drais ne pas cesser de l'être :
» dites un mot, et vous êtes sau-
» vée. — Je le dirai, si je le puis.
» — Vous avez introduit l'euro-
» péen sous ce bois sacré : on en
» a parcouru les détours les plus
» reculés, l'européen ne se trouve
» point. Où est-il ? Dites-le-moi,
» et à l'instant même j'érige votre
» crime en vertu. Vous n'aurez
» flatté notre ennemi, que pour
» surprendre sa confiance ; vous
» n'aurez surmonté l'horreur qu'il
» vous inspirait, que pour nous
» le livrer plus sûrement. Je per-
» suaderai le plus grand nombre,
» j'imposerai silence au reste ;
» vous jouirez de la reconnais-
» sance de tous : parlez, votre

» sort est en vos mains. — Je ne
» livrerai pas un innocent.......
» — Ne jugez pas votre complice.
» — A un trépas certain. — Sans
» doute, il périra. — Hé bien, je
» n'aurai point à me reprocher
» sa mort.

  » — Ainsi donc vous bravez ma
» puissance, vous méprisez mes
» bontés. — Je vous honore, je
» vous respecte; mais je sais souf-
» frir, et me taire : je suis malheu-
» reuse et résignée. — Résignée,
» dites-vous ? vous vous sacrifie-
» riez à l'idole que vous avez
» choisie !...... Insensée, si ton
» cœur est inaccessible à la crain-
» te, s'il est insensible aux pro-
» messes, est-il fermé à la nature?
» Oublies-tu qu'un supplice, plus

» affreux que la mort même,
» empoisonnera tes derniers mo-
» mens? Ta mère n'a-t-elle pas
» garanti, sur sa tête, ta fidélité
» à ton dieu? Ma mère!...... ma
» mère, s'écrie Azili épouvantée!
» — On l'arrache à son toit pai-
» sible, on lui reproche un crime
» qu'elle n'a point partagé, on
» l'en punit, on te punit la pre-
» mière; on déchire à tes yeux
» ce sein qui t'a porté, ces deux
» sources de vie qui ont soutenu
» ta fragile existence..... — Vous
» me tuez !....... n'achevez pas.
» — Dans les horreurs d'une lon-
» gue agonie, son œil contristé
» se tourne péniblement sur toi,
» sur toi, l'opprobre de ta fa-
» mille, et qui peux encore en

» être l'honneur ; elle expire, tu
» péris à ton tour, tu meurs une
» seconde fois, et la haine, l'exé-
» cration d'un peuple indigné t'ac-
» compagnent, te poursuivent jus-
» qu'au fond de ton tombeau. Ma
» mère ! ma mère, répète Azili
» d'une voix étouffée ! — Fille
» dénaturée, tu n'as plus qu'un
» moment, et tu peux balancer !
» — Non, non...... je suis déci-
» dée..... — Malheureuse, parle
» donc ; parle ; te dis-je : où est
» notre ennemi ? où est-il ? Le
» voici, dit Théodore qui sort
» du tombeau, et qui se présente
» avec fermeté devant le grand-
» prêtre ».

Ce jeune homme* n'avait pu
soutenir plus long-temps l'état

cruel où était Azili : elle avait voulu se dévouer pour lui, il se dévoua pour elle. Il ne désira, il n'implora qu'une grâce : c'est que le grand-prêtre tînt à la jeune vierge la parole qu'il lui avait donnée.

Tout ce qui est grand devait intéresser Villuma. Il fut frappé de la magnanimité de Théodore ; il fut touché de sa jeunesse et de sa beauté : il balança un moment entre ce qu'il croyait devoir à la sûreté de Cayambur, et les sentimens que lui inspirait l'humanité. Azili, à qui rien n'échappe, voit son incertitude ; elle tombe à ses pieds, et lui demande la vie de son amant : Villuma ému, est prêt à céder.

Mais ses préjugés contre l'Europe, les terreurs qu'il avait communiquées aux incas et au peuple, se réveillent avec plus de force au moment où il se représente Théodore libre parmi les Péruviens, ou de retour à Quito. Il oublie qu'il est homme, pour se souvenir des doubles devoirs de la royauté et du pontificat; il frappe dans ses mains : aussitôt des incas armés de traits, de flèches, de haches, paraissent et enveloppent Théodore.

Azili croit qu'on va le percer à ses yeux : elle ne voit que lui, c'est de lui seul qu'elle peut s'occuper. Son devoir, l'intérêt de sa mère, le sien propre, tout s'efface encore de sa mémoire, elle croit retrouver tout dans Théodore; la présence même de Villuma ne l'arrête point; elle va s'élancer vers son amant..... Imprudente, vous vous perdez, lui dit à voix basse le grand-prêtre. Elle n'a rien entendu, elle est au milieu des incas, elle presse Théodore sur son sein, elle invite les Péruviens à la frapper avant l'homme qu'elle adore ; et tout à coup revenant à elle, effrayée de l'aveu qui lui est échappé, elle se retrace le tableau déchirant que Villuma a offert à son imagination terrifiée : ma mère !........ ma mère! s'écrie-t-elle, et elle tombe évanouie.

La publicité même de son aveu, l'emportement de sa tendresse,

ne permettaient plus à Villuma
de rien entreprendre en sa faveur. Pouvait-il donner l'exemple
de l'infraction des lois, lui, ex-
clusivement chargé de les main-
tenir et de les faire observer ? Il
ordonna d'arrêter Azili : il sou-
pira en donnant cet ordre, qui
fut exécuté avec la froide dureté
du fanatisme.

Telles étaient la pureté et l'innocence de ces peuples, que les
lois qui avaient prévu le crime,
n'en avaient jamais eu à punir.
On ne connaissait pas même à
Cayambur, ces prisons qui hé-
rissent le sol de l'Europe, et qui
presque toujours regorgent de
malheureux. Azili et Théodore
furent conduits dans une maison

particulière, et leur garde confiée aux incas.

Villuma croyait voir, dans la perte du jeune homme, le salut de tout un peuple, et il persévéra dans son dessein de l'y sacrifier. Affligé de la mort d'Azili, il voulut au moins lui en adoucir l'amertume, en séparant le sort de sa mère du sien : il ne donna aucun ordre à son égard. La piété superstitieuse de quelques incas le prévint : ils saisirent cette mère infortunée, et la traînèrent devant le grand-prêtre. Des gens du peuple la suivaient en demandant son supplice à grands cris. Villuma n'avait pas le droit de s'y opposer ; il avait moins encore celui de faire grâce. Il fallait persuader des furieux : il osa l'entreprendre. Il commanda qu'on assemblât le peuple, qui, légalement convoqué, pouvait seul prononcer dans cette circonstance, et qu'on traduisît devant lui tous les coupables.

Cependant Azili a repris ses sens, elle se retrouve auprès de Théodore; elle ne se plaint pas, el'e le regarde. Un bruit confus frappe leurs oreilles, ils écoutent, ils saisissent quelques mots, ils apprennent que les habitans du vallon vont s'assembler, et qu'ils paraîtront devant eux. Théodore renaît; il espère toucher les cœurs; il compte sur la jeunesse, les grâces, l'innocence d'Azili. « Non, lui dit-il, nous

» ne périrons pas. L'humanité
» est de tous les climats ; qui
» parle son langage, est sûr d'être
» écouté ; qui prête l'oreille aux
» accens du malheureux, devient
» bientôt son ami. — Mon cher
» Théodore, te flattes-tu de l'em-
» porter sur le grand-prêtre ? Tu
» ressembles à la vague impuis-
» sante qui se brise contre le roc.
» — Le roc n'est point à l'abri de
» de la foudre, et la faveur du peu-
» ple n'est que passagère. Qu'on
» m'écoute seulement, j'obtien-
» drai ma liberté, la tienne; nous
» sortirons de Cayambur, nous
» trouverons un coin dans l'uni-
» vers où reposer notre infor-
» tune. — Ah, un désert, et ton
» cœur. — Le tien l'embellirait.

» Sans besoin que celui d'aimer,
» sans désirs que ceux que tu fais
» naître, retrouvant en toi seule
» ma patrie, ma famille, mon uni-
» vers, ma divinité, je ne m'oc-
» cuperai que de toi. — C'est le
» ciel que tu peins ! poursuis,
» poursuis..... — Mes soins ten-
» dres et délicats s'étendront aussi
» sur ta mère..... — Ma mère !....
» malheureux, tu as détruit le
» prestige ; tu me rends à moi-
» même, et le réveil est affreux.
» J'oubliais, en t'écoutant, jus-
» ques aux droits de la nature ! Ma
» mère, ma mère seule doit m'oc-
» cuper, et je suis tout à mon
» amour !........ Que t'ai-je fait,
» pour m'obséder ainsi ! —Azili !
» — Porte ailleurs ces agrémens

» perfides qui m'ont perdue. Hom-
» me cruel, pourquoi t'ai-je vu ?
» Je ne connaissais pas le bonheur,
» mais j'ignorais la crainte et le
» remords. Tu as paru : mon dieu,
» ma mère, moi, j'ai tout oublié,
» tout trahi en un instant. Ton
» image m'occupait le jour, me
» tourmentait la nuit, me pour-
» suivait jusqu'aux pieds des au-
» tels.... Barbare, rends-moi mon
» dieu, ma vertu, ma raison ;
» rends-moi ma mère, rends-la-
» moi.... Je te la demande à ge-
» noux...... Prends pitié de mon
» désespoir.... Ma mère !.... ma
» mère ! — Ah, par grâce, calme-
» toi, mon Azili ; n'ajoute pas à
» nos maux. — Tu me parles....
» j'entends ta voix ; elle arrive

» encore à mon cœur.... Il semble
» que ce cœur coupable veuille
» s'échapper pour aller s'unir au
» tien.... Tes larmes coulent sur
» mes mains, elles les brûlent,
» elles passent dans mes veines....
» Non, je ne peux me vaincre,
» non, je ne me vaincrai jamais....
» Sèche tes pleurs, malheureux,
» ils rendent ma peine plus cui-
» sante.... Je ne te reproche rien ;
» je n'ai rien à te reprocher : ce
» n'est pas toi qui m'as séduite.
» Une divinité ennemie a égaré
» tous mes sens ».

Après cette explosion d'un cœur
dominé à la fois par toutes les passions, Azili tomba dans un profond
accablement. Théodore n'osait
plus s'approcher d'elle; il craignait

même de rencontrer ses yeux, ces yeux si tendres où il avait lu son bonheur. Il se tenait à l'écart, le visage caché dans ses mains, dérobant à Azili les larmes que lui arrachaient son état et ses reproches. « Je t'ai affligé, lui dit-elle; » pardonne, mon ami, pardonne... » sais-je ce que je fais, sais-je ce » que je dis » ! Elle lui tendit la main, il la saisit, la pressa sur son sein, et ils confondirent leurs soupirs et leurs ames.

On avait tout apprêté sur la place publique pour consommer un grand acte de justice. On marchait au son d'une musique funèbre, l'œil fixé à la terre, et le front couvert d'un voile : ce jour, où l'on avait des coupables à pu-

nir, était un jour de deuil. Quatre
incas portaient le trône d'or de
Villuma : le pontife-roi s'y place.
Anaïs est debout à sa droite ; les
prêtres et les vierges sont rangés
circulairement autour du trône ;
les incas armés se tiennent prêts
à exécuter les ordres de Villuma ;
le peuple remplit la place et les
avenues : on amène Théodore,
Azili et sa mère.

Anaïs donne le signal aux vierges. Elles vont prendre Azili au
milieu de ses gardes, elles la dé-
pouillent de sa couronne, de son
voile, et de sa ceinture virginale :
ses longs cheveux blonds tombent
sur ses épaules. A cet aspect, sa
mère pousse un cri perçant ; Azili
l'aperçoit, et veut s'élancer vers

elle ; ses compagnes, saintement cruelles, la retiennent, lui annoncent que les nœuds du sang sont rompus, et qu'ils le sont par elle : Azili tombe dans leurs bras, sans couleur et sans vie.

Villuma avait préparé en faveur de la mère, des moyens qui lui paraissaient victorieux. Il se flattait que l'équité et son ascendant l'emporteraient sur un zèle aveugle qu'il lui serait facile de diriger. Il prit les quipos de la loi, il prononça à haute voix celle que Manco avait dictée contre les prêtresses infidelles, et fit remarquer qu'il ne s'y trouvait pas un mot qu'on pût interpréter contre les parens de ces infortunées. Il représenta que les successeurs de Manco

N° 1.　　　　　　　　y

avaient, par une ferveur indis-
crète, ajouté à cette loi de rigueur; que la mère d'Azili était
innocente du crime de sa fille,
et que le sang innocent devait
être en horreur à leur dieu. « Cette
» femme, ajouta-t-il, est de la
» race de Capana; elle a rempli
» ses devoirs d'épouse, de mère
» et de sujète; elle a joui long-
» temps de mes égards et de vos
» respects : qui de nous osera la
» présenter à l'autel du sacrifice,
» entourée de ses vertus? elles
» s'élèvent entr'elles et le cou-
» teau fatal; elles parlent plus
» haut que la loi qu'on leur op-
» pose. Cette loi est injuste; elle
» ne vient donc pas du ciel ».

Un murmure d'improbation

interrompit Villuma : il ne se dé-
concerta point. Il se hâta de re-
prendre la parole , certain de
calmer les esprits , s'il parvenait
à se faire écouter. « Je sais, dit-
» il, qu'il ne m'appartient pas de
» changer des usages consacrés
» par des siècles ; j'ai dû vous
» dire ce que j'en pensais , je l'ai
» fait : vous seuls avez le droit de
» prononcer , vous seuls pronon-
» cerez. Je vous livre cette mère
» de douleurs ; je la confie à votre
» justice. S'il est un de vous qui
» soit sourd au cri de l'humanité ,
» à ce cri qui retentit dans tous les
» cœurs , et qui élève celui qui
» l'écoute ; s'il est un péruvien
» que la soif du sang dévore, qu'il
» se présente , qu'il boive celui

» de la victime ; la voilà : mon
» bras tutélaire s'en éloigne. Mais
» souvenez-vous que le sang qui
» coule dans ses veines est celui
» de Capana, à qui vos pères ont
» dû la conservation de leurs
» jours, et à qui vous devez l'exis-
» tence ».

Villuma se tait ; il regarde autour de lui : les plus ardens gardent un profond silence. Immobiles, les yeux baissés, la rougeur
sur le front, ils se reprochent un
mouvement que leur bonté naturelle désavoue ; eux-mêmes s'approchent de la mère d'Azili, et
détachent ses liens. « Oh, je le
» savais, reprend Villuma, que
» vous reconnaîtriez votre erreur,
» et que l'innocence serait sacrée

» pour les enfans du soleil. Re-
» menez cette femme dans ses
» foyers; consolez-la du malheur
» d'être mère; préparez-la à ne
» l'être plus ».

Cette mère infortunée se tourne
vers sa fille. On l'éloigne de ce
tableau de désolation, on lui pro-
digue les caresses et les soins, et
le cœur froissé d'Azili s'ouvre et
jouit encore un moment.

C'est à la vie de Théodore seulement que s'attaquait sérieusement le grand-prêtre. Flatté d'a-
voir déjà sauvé une victime, il
désirait davantage. S'il pouvait
aussi soustraire Azili à la rigueur
de la loi ! Mais cette loi est pré-
cise, il est impossible de l'expliquer en faveur de la jeune vierge.

N° 1.   z

Le peuple d'ailleurs a prouvé par ses murmures, son attachement, à ce qui tient au culte : prendre la défense d'Azili, c'est vouloir exalter les esprits, compromettre son autorité, exciter un soulèvement qui peut lui devenir fatal, ou qui plongerait au moins la colonie dans les troubles même qu'il cherche à prévenir par la mort d'un jeune homme qu'il plaint intérieurement. Après un instant de réflexion, il jugea qu'il fallait sacrifier Azili, à lui-même, et peut-être au salut de tous. L'intérêt personnel avait parlé, et autant il s'était montré le protecteur de la mère, autant il mit de chaleur à poursuivre la fille. Il se tourna vers elle, et prenant cet

air sévère que l'habitude de dissi-
muler lui rendait familier : « Azi-
» li, lui dit-il, vous avez dégradé
» votre ministère auguste ; un
» amour sacrilége a trouvé place
» en votre cœur; vous l'avez pu-
» blié : vous reste-t-il quelque
» chose à dire? J'ai cessé de crain-
» dre pour ma mère, lui répond
» Azili, et je retrouve mon cou-
» rage. Je ne suis plus cette vierge
» timide qui se courbant devant
» vous, caressait jusqu'à votre or-
» gueil. Je n'ai plus rien à mé-
» nager : je parlerai, je me défen-
» drai devant ce peuple qui vient
» de se montrer juste, et qui peut
» l'être encore.

« Quand je me suis vouée aux
» autels, et que j'ai juré de ne

» jamais rien sentir, de ne jamais
» rien aimer, savais-je ce que
» je promettais ? A peine sortie
» des mains de la nature, je ne
» me connaissais pas encore. Si
» mon amour est un crime, pour-
» quoi ce dieu terrible n'a-t-il pas
» glacé mon cœur au moment où
» j'ai défié sa puissance, en me
» condamnant au néant ? Que dis-
» je ? peut-on la méconnaître cette
» puissance irrésistible, au senti-
» ment enchanteur qui me pénè-
» tre, qui m'enivre ? Cette flamme
» céleste n'est-elle pas une éma-
» nation de la divinité ? Quelle
» autre main que celle d'un Dieu
» pouvait nous donner l'amour ?
» et il s'armerait contre moi de ses
» propres bienfaits ; il m'aurait

» tendu des piéges; il se jouerait
» de ma faiblesse; il établirait en-
» tre lui et moi un combat inégal!
» Loin de nous ces idées révol-
» tantes. Rien de mon être ne
» vient de moi, et céder à mon
» cœur, c'est obéir à mon dieu.

 » J'ai, dit-on, aggravé mon
» crime en aimant un européen?
» Le soleil n'éclaire-t-il que le
» vallon de Cayambur? Les hom-
» mes de tous les climats que sa
» chaleur vivifie, ne sont-ils pas
» également ses enfans? Répon-
» dez-moi, vous tous qui m'écou-
» tez. Si cet infortuné jeune
» homme, errant, poursuivi, fu-
» gitif, fût venu tomber aux pieds
» de l'un de vous, qu'il lui eût
» dit : Péruvien, je ne suis point

» un méchant ; les espagnols fu-
» rent des barbares, tu ne veux
» pas leur ressembler ; voilà ma
» tête, elle est proscrite ; hé bien,
» je la livre à ta loyauté, je la
» confie à tes vertus : qui de vous,
» abusant de sa confiance, eût pu
» lâchement le trahir ? qui de
» vous n'eût suivi le premier mou-
» vement de son cœur ? Peuple,
» voilà ce que j'ai fait. J'ai dérobé
» cet infortuné à vos fureurs ; je
» l'ai caché dans les tombeaux de
» vos pères ; j'ai déposé l'inno-
» cence dans le dernier asile des
» vertus.

» Non, je n'ai pas dégradé mon
» ministère ; j'ai honoré la divi-
» nité en imitant sa bienfaisance.
» Ceux-là l'outragent seuls, qui

» la peignent à leur image , qui
» se la représentent aussi féroce
» qu'eux ».

Ce discours devait entraîner
tous les cœurs, ou achever d'ul-
cérer des hommes dont il attaquait directement les supersti-
tions. Un bruit confus se fit entendre. Villuma , disposé à saisir
ce qui serait avantageux à la prêtresse, attendit, avant de prendre
un parti, qu'il pût juger de l'effet
qu'avait produit Azili. Loin de
lire la persuasion sur les visages,
il n'y vit que la colère ou l'indignation. « Ainsi donc , reprit-il
» en s'adressant à Azili, votre im-
» piété ne ménage plus rien, et
» le blasphéme a souillé votre bou-
» che ! Vous, faite pour adorer,

» et non pour réfléchir, pour obéir
» et vous taire, vous accusez le
» ciel de n'avoir pas interverti
» pour vous l'ordre de la nature!
» Il devait, dites-vous, éteindre
» vos feux impies : c'est vous qui
» deviez les combattre, et la palme
» des vertus vous attendait après
» la victoire. Vous regrettez de
» vous être vouée aux autels!
» Quel destin fut plus brillant que
» le vôtre? Organe de Dieu même,
» chargée de porter jusqu'à lui le
» respect, la reconnaissance, l'a-
» mour de son peuple, vos bras
» unissaient les cieux à la terre,
» ils rapprochaient le père de ses
» enfans : que manquait-il à votre
» gloire! Mais votre œil téméraire
» a voulu mesurer l'intervalle qui

» sépare la créature du créateur ;
» vous avez oublié son culte, avili
» ses autels, et vous invoquez la
» justice du peuple ! La mort, la
» mort, cria-t-on de toutes parts ».

L'éclair n'est pas plus prompt
que l'effet de ce cri terrible sur
les sens de Théodore. Les facultés de son ame se trouvèrent pour
ainsi dire suspendues ; il se rémit
cependant, en pensant que de sa
présence d'esprit pouvaient dé-
pendre son sort et celui d'Azili.
Il affecta une tranquillité qui était
loin de lui ; il demanda qu'on l'en-
tendît, et, avec moins d'expé-
rience que Villuma, il déploya
autant d'adresse. « Au moment,
» dit-il, où l'arrêt fatal me me-
» nace ainsi que la prétresse,

» éleverai-je ma faible voix? Pour-
» suivi, condamné déjà par le
» grand-prêtre, que produiraient
» de vaines réclamations? Qu'im-
» portent les jours de l'innocent,
» alors qu'il les a proscrits? Vous
» ne devez voir et penser que par
» lui. N'êtes-vous pas aveuglé-
» ment soumis à ses moindres
» volontés? N'examinez point si
» un être faible, sans défense,
» sans moyens, peut inspirer de
» justes alarmes; ne vous infor-
» mez pas si j'ai des parens, et
» si je leur suis cher; oubliez que
» vous êtes pères vous-mêmes,
» et qu'un jour peut-être vos en-
» fans imploreront des cœurs qui
» se fermeront à leur voix; en-
» durcissez les vôtres, détournez

» les yeux, et consommez le sa-
» crifice.

» Mais avant de frapper, si vous
» réfléchissiez un moment, si vous
» écoutiez, non de vaines préven-
» tions, mais ces lois éternelles,
» immuables, qui parlent aux
» hommes de tous les lieux et de
» tous les temps, vous jeteriez
» un œil de pitié sur cette vierge
» et sur moi. Quel est ce prêtre
» qui se place orgueilleusement
» entre le ciel et nous? Où sont
» les preuves de sa mission? L'É-
» ternel, quand il lui plaît, fait
» gronder son tonnerre; il ne le
» dépose pas dans nos faibles
» mains. Voulez-vous connaître
» les vrais desseins de votre dieu
» sur un être que l'erreur a frappé

» de stérilité, soulevez ces che-
» veux qui flottent sur son sein ;
» contemplez ces signes de vie et
» de fécondité, et vous direz avec
» moi : Elle naquit pour être
» mère. Que vos regards tombent
» ensuite sur un malheureux dont
» ce prêtre préparait le supplice
» avant de le voir, de le con-
» naître, de l'entendre : écoutez
» la vérité, et que vos craintes
» s'évanouissent.

» Peuple, je ne suis pas né
» parmi vos oppresseurs : ce sont
» eux que je fuyais quand je suis
» entré dans ce vallon. Comme
» vous, je déteste leurs crimes ;
» comme vous, je connais les
» malheurs de vos ancêtres ; plus
» d'une fois, mes larmes ont

» mouillé les pages de leur dé-
» plorable histoire ; plus d'une
» fois cette main vengea le sang
» péruvien par celui de ses enne-
» mis ; et vous vous armeriez
» contre celui qui vous aimait
» sans vous connaître, qui vous
» servait sans le savoir ! Non....
» vous nous rendrez à nous-
» mêmes ; vous permettrez que
» nous cherchions loin de vous
« l'oubli de tant de maux. Le
» secret de votre asile est votre
» sûreté : il mourra dans mon
» sein ; je le jure par l'honneur,
» par la nature, par toi, dont
» j'ai entrevu l'image révérée,
» ô digne Las-Casas ! tu fus aussi
» l'ami de leurs pères, et ils ne
» t'ont pas égorgé ; ils ont adoré

N° 1.   b *

» tes vertus, justifié tes bienfaits,
» ils en ont transmis la mémoire
» à leur dernière postérité : que
» ton souvenir que j'invoque,
» nous protége et nous défende ;
» que la tombe entr'ouverte se
» referme à ton nom ; que la vie
» d'Azili et la mienne soient le
» prix de leur reconnaissance....
» Peuple généreux et sensible,
» le vertueux apôtre de l'Inde a
» conservé ses droits sur vous :
» vous êtes ému, attendri.... Ah,
» vos mains resteront pures, et
» nous vivrons pour vous bénir».

En effet, les grâces de ce jeune
homme, son énergie et sa can-
deur, un ton de vérité que le
mensonge n'imite qu'imparfaite-
ment, avaient touché tous les

cœurs. On se regardait, on se consultait, on ne savait que résoudre. « Loin d'être espagnol, » disait-on, il se déclare leur » ennemi ; il ignorait les lois de » Cayambur , il n'y cherchait » qu'un refuge contre la mort, » et le hasard a fait tout le reste : » il serait affreux de sacrifier ce » jeune homme ; il est inconceva- » ble que le pontife le poursuive » avec tant d'opiniâtreté ».

Villuma, habile à saisir ce qui était contraire à ses vues, s'aperçut d'abord que le peuple penchait en faveur de Théodore. L'habitude du pouvoir arbitraire fondé sur les lois ou la persuasion, lui faisait supporter avec impatience toute espèce de con-

tradiction : cependant il sentit
que pour combattre avec avantage un vœu qui paraissait général, il fallait feindre d'abord d'y
accéder. « Qui pourrait, dit-il,
„ se défendre de cette émotion
„ que j'aime à partager avec vous?
„ Qui résisterait à ce langage qui
„ parle au cœur, qui le pénètre
„ et le subjugue ? Ah, la clé-
„ mence est le premier des plai-
„ sirs, et la plus douce des ver-
„ tus. Heureux qui peut ouvrir
„ son ame à cette jouissance cé-
„ leste ! qui ne redoutant rien
„ pour soi, se livre tout entier
„ au charme qui l'entraîne ! qui
„ peut se dire enfin : J'ai essuyé
„ les larmes d'un malheureux,
„ et, voulût il me tromper, il n'en

,, a pas la puissance ! Peuple ,
,, est-ce là votre position ? C'est
,, ce qu'il faut au moins exa-
,, miner. J'ai consacré ma vie
,, entière à votre félicité ; un in-
,, connu n'effacera pas en un
,, moment quinze ans de travaux :
,, vous ne refuserez pas d'enten-
,, dre votre père.

,, Ce jeune homme a , dit il ,
,, combattu vos ennemis , il les
,, fuit , il les déteste , il vous
,, aime comme Las - Casas , il
,, vous servira comme lui : où
,, sont les preuves de ses exploits,
,, et quels services peut-il vous
,, rendre ? Je veux croire cepen-
,, dant à la vérité de ses discours;
,, j'oublie les expressions outra-
,, geantes que lui a arrachées le

,, malheur; je respecte l'intérêt
,, qu'il vous inspire, et je lui
,, laisse la vie : quel parti pren-
,, dra votre prudence? Déjà il a
,, justifié les craintes que je vous
,, ai exprimées aujourd'hui. Le
,, garder dans ce vallon, c'est
,, compromettre vos autels, sur
,, lesquels il vient de porter une
,, main hardie, c'est livrer à ses
,, transports l'innocence de vos
,, vierges; et celui qui a méprisé
,, leurs vœux, respectera-t-il vos
,, épouses? Votre faiblesse enfin
,, lui livrera-t-elle à la fois votre
,, culte, ses ministres, les mœurs
,, publiques et privées? Je vous
,, estime trop pour le craindre.

  ,, Vous allez donc le renvoyer,
,, commettre votre salut à sa dis-

„ crétion ; mais la jeunesse est fai-
„ ble, et vos ennemis sont adroits.
„ S'ils le rencontrent sortant de
„ ce vallon, qu'ils veuillent le
„ punir d'avoir brisé ses fers,
„ aura-t-il le courage de se taire,
„ certain de les désarmer en leur
„ montrant de l'or ? Que dis-je,
„ ne les préviendra-t-il point,
„ ne s'unira-t-il pas à eux pour
„ venger la parjure Azili, et quel
„ est le terme où s'arrêtera le
„ carnage ? Mais dût-il vous gar-
„ der sa foi, vous devez craindre
„ qu'il ne la trahisse. Vous rédui-
„ rez-vous à vivre dans de conti-
„ nuelles alarmes ? la vie d'un
„ seul peut-elle entrer dans la
„ balance avec le repos de tous ?
„ Ah, quand les Européens ont

„ exterminé des millions d'hom-
„ mes, ont-ils daigné examiner
„ s'ils étaient innocens ou cou-
„ pables ? Ils vous ont donné
„ l'exemple de la férocité, et
„ vous craignez d'être justes! Les
„ mânes de vos pères vous de-
„ mandent votre conservation,
„ et ils ne sont point écoutés : ces
„ mânes augustes se précipitent
„ dans cette enceinte, ils en-
„ tourent, ils pressent les vic-
„ times, ils s'indignent de votre
„ incertitude, de votre lenteur...
„ Appaisez-vous, ombres sacrées,
„ vos enfans exécuteront votre
„ arrêt : encore un moment, et
„ vous serez satisfaites.

„ La nuit commence à déployer
„ ses voiles. Que leurs épaisses

,, ténèbres vous dérobent le sang
,, que va verser votre sage pré-
,, voyance. Allez, préparez tout
,, sous ce bois sacré ; que votre
,, dieu, rentré dans sa brillante
,, carrière, ne retrouve que le
,, souvenir de la vierge infidelle
,, et de son criminel amant ».

L'esprit du peuple est un ro-
seau que les vents battent tour à
tour, et qu'ils font plier à leur
gré. Théodore voulut parler encore ; on refusa de l'entendre.
Des liens de coton serrèrent fortement ses membres, et froissè-
rent ceux de la faible et délicate
Azili. On les conduisit tous deux
dans le bois sacré, on apprêta
leur supplice au pied du tombeau
même qu'ils avaient, disait-on,

profané, et les incas les environ-
nèrent, l'arc tendu, et la flèche
ajustée.

Tant que leur sort avait été
incertain, Elina et Méloë n'a-
vaient pas senti de remords. A
peine ces malheureux furent-ils
condamnés, que les yeux de ces
jeunes vierges s'ouvrirent, et leur
zèle barbare s'éteignit au premier
cri de l'humanité. Repentantes,
éplorées, elles se prirent la main,
elles descendirent en silence au
lieu où l'on gardait les victimes;
elles s'arrêtèrent à une certaine
distance, et les regardèrent avec
compassion. « Les voilà, ces
„ malheureux. — Ils sont acca-
„ blés. — Ils vont mourir. — Et
„ c'est nous qui leur ôtons la

,, vie! — Ils me font un mal!....

,, — Ah, oui.... bien mal ». Elles cachent, dans le sein l'une de l'autre, leurs larmes et leurs regrets, et Méloë reprend d'une voix entrecoupée : « Envoyer à ,, la mort sa compagne, son amie! ,, — Parce qu'elle a été sensible. ,, — Les tigres même le sont ,, quelquefois. — Malheureuses, ,, qu'avons-nous fait! — C'est ,, toi qui l'as voulu. — J'ai cru ,, servir mon dieu. — Serait-il ,, dieu, s'il n'était bon? — Lui ,, seul au moins a le droit de pu- ,, nir. — Qui sommes-nous, pour ,, nous charger de sa vengeance! ,, — Elina, j'éprouve des re- ,, mords. — Et moi, Méloë, et ,, moi! — Tu n'as rien de plus à

,, me dire? — Je voudrais parler,
,, et je n'ose, — Que peux tu crain-
,, dre de ta Méloë? — Nous allons
,, nous exposer. — Hé, qu'im-
,, porte ? Avons-nous balancé
,, pour les perdre! —Tu connais
,, la sévérité du grand-prêtre.
,, — Je ne connais que les mal-
,, heureux que j'ai faits. — Ah,
,, oui, nos cœurs s'entendent....
,, Nous avons fait le mal, il faut
,, le réparer ». Et ces aimables
enfans s'embrassent avec trans-
port. « Le réparer, reprend Eli-
,, na? mais quel moyen.... Je ne
,, sais, répond tristement Méloë.
,, Ni moi, dit Elina, plus triste-
,, ment encore. — Ils sont con-
,, damnés.... enchaînés. — Gar-
,, dés de près. — Réfléchissons,

„ cherchons. — Hé, nous n'a-
„ vons qu'un moment, et je ne
„ trouve que des larmes. — Dieu
„ de clémence, inspire - nous » ;
et elles tombent à genoux ensem-
ble, les bras élevés vers le ciel.

Elina est la plus âgée : pure
comme l'onde qui rafraîchit ses
attraits, c'est un bouton de rose
qu'aucun souffle n'a flétri encore ;
mais l'innocence peut s'allier à la
vivacité ; la vivacité est fille de
l'imagination, et une imagination
vive n'est jamais sans ressource.
Elina se lève tout à coup, elle
affecte les signes de la plus grande
frayeur : la simple Méloë la regarde, et attend. Elina court vers
les gardes de Théodore et d'Azili :
sa démarche chancelante, son œil

N⁰ 1.   d *

troublé, son sein palpitant , la
pâle clarté des flambeaux rendent
l'illusion complète. « Ils sont en-
,, trés, dit-elle d'une voix alté-
,, rée, ils sont dans ce vallon. Qui
,, donc, reprend le chef des in-
,, cas? — Les européens qui pour-
,. suivaient ce traître. — Hé, par
,, où sont-ils entrés ? la garde
;, de la caverne n'a pas quitté
,, son poste ». Elina interdite ,
ne sait que répondre ; mais sa
compagne a saisi son idée : « Des
,, machines inconnues, poursuit-
,, elle, les ont enlevés à la cime de
,, la montagne ; ils approchent....
,, j'entends leurs voix... écoutez,
,, écoutez ». Les incas se trou-
blent, Elina se remet : « Les voi-
,, là, les voilà, dit-elle, les voyez-

,, vous ?.... voyez-vous briller le
,, fer à la lumière de l'astre de la
,, nuit ? Courez, rassemblez-vous
,, autour du grand-prêtre ; com-
,, battez, sauvez votre pays......
,, Je succombe, je me meurs. A
,, moi, espagnols, sauvez Azili ;
,, à moi, s'écrie Théodore trom-
,, pé comme ses gardes ». A ce
cri d'une extrême vérité, les incas jettent des armes qui n'ont
jamais été dans leurs mains qu'un
inutile ornement, ils se disper-
sent, ils répandent l'alarme dans
Cayambur. Ceux qui veillent à
l'entrée de la caverne, ne savent
que penser de la confusion qui
paraît régner dans l'éloignement ;
leur inquiétude est d'autant plus
forte, qu'elle n'a pas d'objet dé-

terminé. Ils tremblent pour leurs femmes , leurs amantes , leurs mères, leurs enfans ; ils se débandent, ils interrogent, ils partagent la terreur commune, ils la portent dans les asiles où elle n'a pas pénétré encore : le désordre est au comble. Quelques-uns de ces hommes courageux , tels que la nature en produit par tout, se rassemblent , forment un cercle au milieu duquel ils ont mis leurs familles, et attendent la mort sans autre espoir que de périr avant des objets si chers : ils ne savent qu'opposer à des ennemis qu'on leur a peints comme des êtres privilégiés, féroces par instinct, domptant tout, jusqu'à des monstres qui combattent sous eux, et disposant à leur gré de la foudre.

Élina et Méloë ont profité de la consternation générale : les liens d'Azili et de Théodore sont rompus. « Saisissez le moment, ,, leur disent les jeunes vierges, ,, allez, fuyez, et que le ciel ,, veille sur vous ». Elles rentrent dans le temple, certaines de n'avoir pas été reconnues par les incas, auxquels les ont dérobées leur voile épais et les ténèbres.

Théodore passe subitement de la dernière consternation à l'espoir de conserver Azili. Une hache se trouve sous ses pieds, il la saisit d'une main, de l'autre il aide, il soutient, il porte la tendre vierge : le souterrain est son unique issue ; il croit qu'il est gar-

dé , mais il a une arme enfin,
de la valeur, et ses adversaires
sont amollis par des siècles de repos. Décidé à disputer, à empor-
ter le passage, la hache à la main,
il arrive, avec Azili, à l'entrée
de la caverne... O surprise ! elle
est abandonnée. « Il est une pro-
,, vidence, s'écrie-t-il , l'accès
,, du souterrain est libre. Ne
,, crains pas de t'y engager avec
,, moi ; l'innocence est sous la
,, sauve-garde de l'honneur. Je
,, t'estime , je t'aime trop pour te
,, craindre , répond-elle» ; et ce
couple intéressant s'enfonce dans
les entrailles de la terre, sans
penser à ce qu'il deviendra : le
présent est tout pour les amans.
Azili ne voit que Théodore échap-

pé au trépas ; Théodore ne croit
pas que les espagnols assassinent
de sang froid une femme; il s'oublie pour ne s'occuper que d'elle.
« Qu'elle vive, et que je meure,
» se disait-il en la guidant ».

Cependant un bruit extraordinaire a pénétré les murailles du
palais de Villuma, toujours inquiet tant que Théodore respire.
Le pontife sort, et la renommée,
qui exagère toujours, lui annonce
que le sang indien a coulé, et que
la colonie est perdue. Villuma ne
conçoit rien à cette attaque ino-
pinée; mais il est de son devoir
de ne rien négliger. Il dépouille
ses habits pontificaux, il s'arme
à la hâte, il sort, il veut s'assurer si sa dernière heure a sonné,

ou si une terreur panique s'est emparée de ses sujets.

Villuma, obligé à un extérieur réservé, à ce silence que le vulgaire prend pour de la profondeur, à ce froid orgueil qu'on appelle majesté, Villuma se dédommageait dans la méditation, de la contrainte que son rang lui imposait en public. C'est en méditant, qu'il avait découvert ces vérités sublimes qui lui faisaient sentir le néant de son culte, qu'il avait étendu les facultés de son ame, qu'il s'était convaincu que la vie d'un souverain n'est quelque chose qu'autant qu'elle est utile ou glorieuse. Fort de ces principes, soutenu par ces grandes idées, il marchait d'un pas égal et ferme ; il appelait , il voulait interroger ceux qu'il pouvait reconnaître ; on ne l'entend pas , on lui répond moins encore. Villuma croit à son tour qu'on ne l'a pas abusé par des récits mensongers ; il ne pense plus qu'à mourir comme il a vécu. Il aperçoit un gros d'indiens , il les prend pour les espagnols ; il se précipite au milieu d'eux , il reconnaît les braves qui font de leurs corps un rempart à leur famille. On s'explique , on s'entend ; il leur reproche une résignation inutile à leur pays et à eux ; il leur représente que l'homme qui brave la mort , est toujours le maître de vaincre ; il les encourage , il fait passer dans les cœurs l'énergie

N° 1.   e *

qui anime le sien : ce n'est plus
un prêtre qui parle, c'est un héros qui persuade, qui entraîne.
On se forme en corps de troupes,
on le suit, on avance ; les fuyards
qu'il rencontre se réunissent à lui ;
ces péruviens, si doux, si timi-
des, se croient devenus soldats
en l'écoutant. Sa confiance, sa
tranquillité rassurent les femmes,
les enfans, les vieillards ; le tumulte cesse, l'ordre renaît ; on
passe le reste de la nuit à parcou-
rir, à fouiller le bois, la plaine,
les rochers, aucun réduit n'é-
chappe à la vigilance de Villuma :
il est convaincu enfin qu'il n'est
pas entré de nouveaux ennemis
dans le vallon.

Il remonte à la source des crain-

tes chimériques qui ont abusé tout
un peuple. Les incas accusent
deux prêtresses qu'ils ne peuvent
nommer : Villuma court précipitamment au lieu où il avait laissé
Théodore et Azili, il ne trouve
que leurs liens.

Il jugea qu'on avait répandu
cette fausse alarme pour faciliter
la fuite des deux captifs. Dans un
temps plus calme, il eût peut-être
recherché les coupables ; mais de
plus grands intérêts l'occupaient
en ce moment : il étoit question
du salut de tous, et non de sacrifier à de vains préjugés deux filles
innocentes ou criminelles. Il pré-
voyait qu'à l'aspect des habits
d'Azili, éclatans d'or et d'argent,
les espagnols devineraient les ri-

chesses que recélait Cayambur, et qu'ils feraient tout pour les conquérir. Il comptait peu sur le courage du plus grand nombre des péruviens : il jugea que l'unique moyen de les soustraire à la férocité de leurs ennemis, était d'abandonner sans retour cette idée si douce, d'habiter encore la plaine de Quito, ce berceau de leurs pères. Il assemble les chefs qui commandaient sous lui : « Prenez, „ leur dit-il, les péruviens qui „ sont sous vos ordres ; qu'on détache des roches entières de la „ montagne, qu'on les roule vers „ le souterrain, qu'elles s'y enfoncent, qu'elles s'y entassent: „ nous n'avons plus d'autre es- „ poir, nous et nos descendans,

» que de vivre et de mourir
» ici ».

Les espagnols qui avaient suivi
les traces de Théodore, avaient
inutilement attendu pendant une
partie de la journée, qu'il vînt se
livrer à eux. Trois des leurs, plus
impatiens ou plus hardis que les
autres, s'étaient hasardés à entrer
dans la caverne; ils allèrent même
assez loin, et ils conservèrent ce
sang froid si nécessaire pour bien
observer. Théodore qui ne se
trouvait pas, un vent frais qui
siffla devant eux dans les détours
du souterrain, les convainquirent
qu'il avait une autre issue. Où
conduisait-elle ? Il n'était pas pro-
bable que ce fût à des lieux habités; la terre qu'ils foulaient habi-

f *

tuellement, avait fourni des monceaux d'or, celle qu'ils pouvaient
découvrir, renfermerait peut-être
quelque mine nouvelle qui les en-
richirait à jamais. Ils ne crurent
pas devoir s'exposer en aussi petit
nombre, à tenter d'y pénétrer; ils
retournèrent vers leurs compagnons, dont le secours leur étoit
nécessaire, et ils déclarèrent ce
qu'ils avaient conjecturé.

Deux partis se présentèrent à l'instant à leur imagination: le premier,
qu'ils devaient préférer, était de
travailler pour leurs propres intérêts, et de partager l'or entre eux,
s'il s'en trouvait dans l'intérieur
du mont. Mais ce parti entraînait
des inconvéniens qui ne leur
échappèrent point : la difficulté

de se dérober souvent de leur citadelle, sans être remarqués, la possibilité d'être suivis, décou-verts et punis avec la dernière rigueur, les firent renoncer à ce dessein. Le second parti, moins avantageux, mais plus sûr, était de se faire auprès de leur com-mandant un mérite de leur fidé-lité, de lui déclarer ce qu'ils avaient vu, et d'attendre de lui, si le succès répondait à leurs es-pérances, un avancement et des récompenses pécuniaires, qui, d'après l'usage, seraient en pro-portion des richesses qu'on aurait découvertes. Ce fut à quoi ils se déterminèrent unanimement : ils détachèrent une partie des leurs pour se rendre à la forteresse, les autres demeurèrent à l'entrée de la caverne.

Théodore et Azili avançaient péniblement. Théodore marchait devant la jeune vierge ; une de ses mains tenait celle d'Azili, son second bras étendu, cherchait les pointes de roches qui saillaient de toutes parts, et en garantissait son amante. Qui ne croirait qu'une fille élevée et nourrie dans l'abondance, respectée et chérie, renonçant à ces avantages, passant tout à coup à des mœurs étrangères, pouvant craindre l'abandon, la misère et le mépris, y arrivant peut-être par un chemin fait pour glacer l'homme le plus ferme, qui ne croirait cette fille en proie à des réflexions sinis-

tres, que chaque instant devait
rendre plus douloureuses ? Rien
de tout cela ne se présente à son
esprit. Elle sent, elle presse la
main de Théodore ; dans les endroits difficiles, elle est penchée
sur lui ; quelquefois, mais par
hasard, leurs lèvres se rencontrent ; presque toujours leurs ha-
leines se confondent : c'est là le
souverain bonheur. Azili n'en
connaît, n'en soupçonne pas d'autre ; loin d'elle toute idée d'infortune, il n'en est pas pour qui sait
bien aimer.

Théodore, avec plus d'expé-
rience, devait être plus prévoyant.
Il ne se dissimulait pas les risques
qu'il y avait encore à courir. Il
tenait Azili derrière lui, pour s'of-

frir le premier aux coups, si les espagnols étaient encore sur la plate-forme, et il se flattait de pouvoir, avant de succomber, recommander au moins Azili à leur clémence. Quelquefois il espérait que, fatigués de l'inutilité de leurs recherches, ils seraient retournés à leur poste; qu'Azili descendrait sans peine par la route qu'ils avaient trouvée, et que son secours lui rendrait plus facile; qu'il éviterait aisément des forts dont il connaissait maintenant la situation; qu'il arriverait à Lima avec sa compagne, et qu'ils obtiendraient du vice-roi des secours que sa bienveillance passée semblait leur assurer encore. Quelquefois aussi ces espérances lui paraissaient autant d'illusions : il s'y attachait cependant, c'était le seul moyen de soutenir son courage.

Déjà l'obscurité devient moins profonde ; bientôt Azili et Théodore peuvent se voir et se sourire ; la sortie du souterrain n'est qu'à vingt pas d'eux. Théodore s'arrête, il écoute, il regarde, il ne voit, il n'entend rien : les espagnols, couchés sous les arbustes, reposaient avec la sécurité qu'inspirent le nombre et la force ; leurs armes étaient dispersées dans les environs. Théodore rassuré, sort de la caverne avec son Azili... Il trébuche, il chancelle ; ses pieds ont foulé un soldat espagnol, qui s'éveille en appelant ses cama-

rades ; ceux-ci se lèvent aussitôt,
ils aperçoivent Azili.... « Il y a de
„ l'or, s'écrient-ils à la fois ».

Ils cherchent leurs fusils : Théodore veut leur parler, on ne lui
en donne pas le temps ; celui qu'il
a trouvé sous ses pas, lui voit une
arme, et l'attaque, le sabre à la
main. Théodore le renverse d'un
coup de hache , et saisit son cou-
telas. Azili terrifiée, fait un effort sur elle-même, elle tire son
amant après elle, elle le pousse
dans la caverne, elle y rentre
après lui ; il était temps : les espagnols furieux de la perte de
leur camarade, ou cherchant sim-
plement un prétexte pour se dé-
faire d'un homme dont la garde
retarderait l'exécution de leurs

avides projets, les espagnols font
une décharge sur l'ouverture du
souterrain.... Une roche couvrait
heureusement le couple infortuné. Azili plus alarmée encore,
serre le bras de Théodore, elle
l'entraîne, le conduit à son tour.
« Suis-moi, lui dit-elle, je t'en
,, conjure ; tu vas périr, et tu
,, ne me sauveras pas. Le se-
,, cret de mon pays est découvert,
,, viens le protéger, le défendre ;
,, faisons rougir les péruviens d'un
,, arrêt injuste, désarmons-les à
,, force de grandeur. Tu connais
,, à présent les sinuosités de cette
,, caverne, nous gagnerons les
,, espagnols de vîtesse, on aura
,, le temps de se concerter ». Théodore voyait la mort des deux cô-

tés ; il espérait plus, pour Azili, des espagnols que des péruviens ; il résistait : « Je t'ai im-
,, molé mon honneur et ma vie,
,, reprit - elle , tu me sacrifieras
,, ton ressentiment. — Je n'en
,, ai plus, mon Azili. — Hé bien,
,, choisis entre le salut de Cayam-
,, bur et la mort obscure que te
,, réservent les espagnols ; aban-
,, donne au fer meurtrier le sein
,, d'une vierge qui t'adore , ou
,, justifie ce qu'elle a fait pour
,, toi. — Tu le veux, et tu crains
,, que je balance ! Les péruviens
,, ont été injustes , ils seront in-
,, grats peut-être ; n'importe , je
,, les servirai : ta patrie est la
,, mienne ; je n'en veux plus con-
,, naître d'autre. — Tu n'étais que

» mon amant, tu seras mon hé-
» ros, notre dieu tutélaire, notre
» libérateur ».

Des coups de feu, qui réson-
nent de loin en loin dans la partie
inférieure du souterrain, leur annoncent qu'on les suit : ils se hâ-
tent, ils avancent; insensiblement
le bruit de l'explosion semble s'é-
loigner d'eux, ils sont certains de
rentrer à Cayambur avant les espagnols.

Ceux-ci avaient reçu de la forteresse un second détachement,
au moment même où Théodore
et Azili s'étaient jetés de nouveau
dans le passage. Le commandant,
après avoir entendu ceux qui lui
étaient députés, avait aussitôt dé-
taché vingt hommes armés, char-

gés de provisions, munis de flambeaux et d'instrumens propres à élargir le souterrain et à fouiller la terre. Il avait expédié un courier à Quito, avec un paquet qui rendait compte au gouverneur, d'une tentative dont il n'attendait pas le moindre succès. Mais quel est l'officier qui ne soit jaloux de prouver à ses chefs son zèle pour l'agrandissement ou la splendeur de sa monarchie?

Ces vingt soldats apprirent des dix autres, qu'une péruvienne couverte d'or avait paru un instant sur la plate-forme qu'ils occupaient. Il n'était plus douteux que l'intérieur du mont ne fût habité, et le luxe de la prêtresse annonçait l'existence des arts, et par consé-

quent une population nombreuse.
Les espagnols n'étaient que trente,
et la prudence leur défendait d'attaquer des hommes que l'esclavage n'avait pas dégradés comme
les péruviens de la plaine. Il était
naturel d'envoyer une seconde dé-
putation au commandant du fort,
et de l'engager à faire venir de
Quito un corps assez considérable
pour faire, sur les côtés de la caverne, des excavations qui per-
missent d'avancer en colonne et
de traîner de l'artillerie : c'était
l'avis du plus grand nombre ;
mais un espagnol, plus entrepre-
nant que ses camarades, représenta qu'il serait absurde de laisser à leur commandant la gloire
et les récompenses d'une expédi-

N⁰ 1.   h *

tion qui pouvait les enrichir et les immortaliser tous ; il rappela que Pizare, avec une poignée de soldats, avait détruit l'empire du Pérou; que la circonférence même du mont, n'annonçait qu'une faible peuplade, que trente espagnols déterminés devaient effrayer d'abord par les armes, exterminer ou soumettre ensuite. Il ajouta que les péruviens avaient à la vérité, un européen parmi eux ; mais que cet homme ne pouvait leur donner en un jour la discipline et le courage. Il flattait deux passions toutes-puissantes sur le vulgaire, l'ambition et l'avarice; il fut écouté, son sentiment prévalut, et les trente espagnols entrèrent dans le souterrain, disposés à se gorger de sang et d'or.

Cependant les Péruviens, animés par le discours et l'exemple du grand-prêtre dont les craintes n'étaient que trop fondées, les Péruviens arrachaient de la terre les quartiers de roches, qui, du temps de Capana, avaient comblé l'ouverture de la caverne. Ce travail, moins dur que celui qu'avait ordonné Villuma, n'était pourtant pas sans difficultés : il était peu avancé quand Théodore et Azili reparurent dans Cayambur.

Le premier qui les aperçoit, est le pontife, dont la sollicitude paternelle embrasse tous les objets à la fois. Le fer brille dans la main de Théodore, et n'intimide pas le héros péruvien. « Sui-

,, vez-moi, s'écrie-t-il en s'adres-
,, sant aux incas ; je me perds,
,, mais je vous donne les moyens
,, de l'immoler.... suivez-moi, je
,, me précipite sur son arme.
,, Arrête, lui dit tranquillement
,, Théodore ; tu m'as proscrit, et
,, je viens te défendre : j'ai juré
,, par Las-Casas, et je tiendrai
,, mon serment ». Les Péruviens,
Villuma, étonnés, interdits, écoutent le récit du jeune homme.
Ce n'est plus un malheureux
obscur qu'on peut sacrifier sans
regrets ; c'est le vengeur du Pérou qu'on admire, qu'on caresse, à qui on cherche à faire
oublier les outrages qu'il a reçus,
dont on est prêt enfin à em-
brasser les genoux. « Hâtez vous,

„ leur dit Théodore, ils vont en-
„ trer dans ce vallon. Ils sont en
„ petit nombre, on peut les vain-
„ cre, mais il faut oser les com-
„ battre. Péruviennes, je vous
„ confie, je vous recommande
„ Azili. Si je meurs en combattant
„ pour vous, que sa vie soit au
„ moins le prix de mon sacrifice.
„ Brave jeune homme, reprend
„ Villuma, toi que j'ai méconnu,
„ tu forces mon estime et mon
„ admiration. Je n'ai que du
„ courage; tu guideras mon inex-
„ périence, tu m'apprendras à
„ vaincre, comme tu m'apprends
„ à pardonner ».

Théodore fait ses dispositions,
et elles sont rapides comme les
momens dont il peut disposer. Il

ordonne qu'on se retire dans l'intérieur, et qu'on laisse pénétrer les espagnols. Il prend cent des braves qui voulaient mourir, la nuit précédente, avant de voir massacrer leurs femmes et leurs enfans, et il se charge d'engager le combat, à leur tête. Il place Villuma, avec ce qui restait de péruviens déterminés, dans un champ de maïs voisin de la caverne; il les y cache, et leur recommande de ne se montrer que quand ils entendront le bruit des armes : « Alors, leur dit-il, vous » attaquerez les espagnols par derrière, et vous leur couperez la » retraite : de la résolution, et je » réponds de la victoire ».

Il n'ignorait pas combien il

était facile de défendre la sortie
du souterrain ; mais plus la défense des Péruviens eût été opiniâtre, et plus ils eussent couru
de dangers. On n'eût pas manqué
d'envoyer contre eux des forces
considérables ; il eût été impossible de résister à des ennemis
familiers avec le jeu des mines :
il fallait donc attirer ceux-ci dans
le vallon, empêcher qu'il en
échappât aucun, et laisser croire
aux leurs qu'ils étaient péris par
accident, ou de misère.

Les Péruviens ignoraient l'art funeste de la guerre ; ils n'en senti-
rent pas moins l'avantage de l'ordre de bataille arrêté par Théodore : leur confiance en lui fut aveugle, et ils lui obéirent sans réserve.

Les espagnols étaient parvenus à l'ouverture du souterrain : la beauté du pays les frappa ; la solitude, qui paraissait régner autour d'eux, les enhardit. Ils avancent. La terre qu'on venait de fouiller, renferme des parcelles d'or. Les têtes s'enflamment, les difficultés disparaissent, chacun d'eux se croit un Pizare. Ils se forment en corps de bataille, ils se serrent ; le fusil haut et le doigt sur la détente, ils marchent vers les premières habitations.

Théodore avait jugé que la fermeté des péruviens se dissiperait bientôt s'il les laissait long-temps exposés au feu. Il les avait rangés derrière un bâtiment ; il soutenait leur énergie par des discours pleins de feu, et il attendait pour attaquer, que l'ennemi fût assez près pour n'avoir pas le temps de recharger ses armes.

Les espagnols, étonnés de ne voir paraître personne, crurent enfin qu'ils avaient été découverts à leur tour, et ils craignirent que ce profond silence ne couvrît quelque piége. Ils tinrent entr'eux une espèce de conseil de guerre, et ils se décidèrent à rétrograder, à se retrancher, s'il était possible, et à se ménager, avec prudence, la connaissance du pays. Théodore, dont ils n'étaient qu'à trente pas, les observait : il pénétra un projet qui allait déjouer son plan; il parut avec les siens, et chargea brusquement les espagnols, qui avaient quitté leurs rangs pour délibérer. Ils les reprirent à l'instant, et firent feu sur les péruviens ; mais le mouvement s'opéra avec tant de précipitation , que très-peu de coups portèrent. Théodore s'élança, le sabre à la main ; ses braves volèrent sur ses pas, on se joignit, on s'attaqua corps à corps. Si le feu de l'ennemi n'était plus à craindre, la baïonnette, toujours redoutable, fit d'abord un ravage affreux : quelques espagnols avaient péri, mais les autres se battaient en déterminés. Les péruviens, effrayés des flots de sang qui coulaient, se débandèrent en décochant des flèches qui n'arrêtaient ni la marche ni

les progrès de leurs adversaires.
Théodore fit de vains efforts pour
les rallier ; il désespéra de sa fortune, et voulant terminer cette
suite de malheurs, il se jeta, tête
baissée, au milieu des espagnols :
c'en était fait de lui, si Villuma
n'eût attaqué avec impétuosité.
Les ennemis épouvantés ne su-
rent de quel côté faire face : ceux
qu'ils avaient mis en déroute re-
vinrent à la charge avec une nouvelle fureur ; les espagnols, pres-
sés de toutes parts, succombent
sous le nombre ; on ne fait quar-
tier à personne, et tous meurent
comme auraient dû périr les soldats de Cortez et de Pizare.

Cet avantage sur ces Européens jusqu'alors réputés invin-

cibles, éleva à ses propres yeux
un peuple qui se considéra comme
le vengeur de ses ancêtres. Il
chérit, il révéra Théodore qui
avait dirigé ses premiers exploits :
c'était un second Las-Casas, c'é-
tait un dieu descendu parmi eux
pour le salut de Cayambur. On
le mit sur un palanquin couvert
d'un drap d'or ; des prêtres le
portèrent sur leurs épaules ; le
peuple le suivait en le comblant
de bénédictions. Azili, les vierges , les épouses sortirent du
temple où elles imploraient la
protection de leur dieu ; elles ac-
courent au devant du vainqueur
des espagnols ; elles sèment des
fleurs, elles brûlent des parfums
devant lui. Azili, fière de son

amant, marchait à côté du palanquin; Théodore la regardait ten-
drement, et semblait lui dire :
C'est pour toi que j'ai vaincu.
L'œil touchant d'Azili semblait répondre : Je serai ta récompense.
On porte le héros dans le sanctuaire, on le place à côté de la
statue de Las-Casas, et le nom de
Théodore est consacré avec celui
du vertueux apôtre de l'Inde.

Ces honneurs extraordinaires
annonçaient une exaltation qui
ne pouvait manquer d'amener
des réflexions sur le passé. On se
rappela avec quelle chaleur Villuma avait poursuivi l'homme à
qui l'on devait tout. Des esprits re-
muans murmurèrent hautement
contre le grand-prêtre : les uns

N° 1.   k *

attribuaient à une cruauté réflé-
chie les mesures qu'avait ordon-
nées sa prudence ; d'autres l'ac-
cusaient d'avoir voulu perdre un
héros dont il avait démêlé les
qualités brillantes, et qui alar-
mait son ambition ; le plus grand
nombre lui reprochait d'avoir sur-
pris aux Péruviens une sentence de
mort qui les déshonorait. Quand
le peuple a franchi la ligne qui le
sépare de l'insubordination et de
la licence, il recule, au gré de
ses passions, les bornes établies
par le contrat social. On ne proposait pas moins que de proscrire
Villuma à son tour; les plus mo-
dérés voulaient qu'on séparât le
sacerdoce de l'empire, et que l'autorité fût confiée à Théodore.

Villuma, informé de ce qui se tramait contre lui, se flatta que sa présence en imposerait encore. Il parut au milieu des factieux ; il parla avec cette dignité , ce calme qui ne l'abandonnaient jamais. On lui répondit par des imprécations : les plus animés portèrent la main sur lui; on lui arracha sa couronne et les autres attributs de la royauté.

Théodore était auprès d'Azili ; il oubliait ses lauriers, effacés par la beauté et les grâces ; il apprend quel danger menace Villuma ; il va se présenter au peuple. La foule s'ouvre devant lui, il entre dans l'enceinte , il voit le pontife disgracié , et grand encore de sa propre grandeur ; il veut percer jusqu'à lui. Un péruvien l'arrête, et, le genou en terre, lui offre le diadême. « Jeune „ héros, lui dit-il, reçois l'hom- „ mage de tout un peuple : puisse „ sa reconnaissance te faire ou- „ blier qu'il fut injuste envers „ toi „ !

Villuma ne conçoit pas qu'on puisse refuser un trône et l'occa- sion de se venger d'un ennemi capital ; il sent l'étendue de son malheur, et il ose braver son fortuné rival : " Ne crois pas, „ lui dit-il, que je m'abaisse à „ te demander grâce ; ne crains „ pas même que j'essaie de rame- „ ner à moi un peuple qui ne „ mérite que mon indignation „ et mon plus profond mépris.

,, Mon sort est dans tes mains ;
,, voyons comment tu sais user
,, de la fortune. Je vais te l'ap-
,, prendre , répond Théodore ,
,, en prenant la couronne des
,, mains du péruvien : tu chéris
,, ton peuple, tu as craint pour
,, sa sûreté, tu lui sacrifiais un
,, homme qui devait te paraître
,, suspect; tu sais gouverner, tu
,, sais combattre, et je sais te
,, respecter ».

Théodore remet la couronne
sur la tête de Villuma; on s'é-
tonne, on s'écrie...... « Peuple,
» reprend le jeune homme, voilà
» votre pontife et votre roi : loin
» de lui ravir son autorité, je pré-
» tends la défendre. Que dis-je ?
» vous ne me contraindrez pas à

» m'armer contre mes amis, ou
» à me déshonorer par une lâche
» usurpation. Vous réparerez un
» moment d'erreur, et vous mé-
» riterez le pardon que Villuma
» ne refusera pas à mes prières ».
Un silence profond règne dans
l'assemblée; le modeste refus de
Théodore éclaire les esprits, que
gagne sa générosité; confus, hu-
milié, on se sépare, on se dis-
perse; il ne reste que le souvenir
d'un orage qui menaçait de tout
engloutir.

La nécessité rapproche les hommes en apparence les plus éloignés. Villuma est dans les bras
de Théodore, il le presse contre
son sein : « De tels procédés, lui
» dit-il, ne m'humilient point :

» je me sens assez grand pour vous
» devoir tout. Oui, vous serez
» mon ami, mon conseil et ma
» force; vous m'aiderez à porter
» le fardeau de l'état».

Il ne suffisait pas d'avoir détruit les espagnols, il fallait que ceux qui étaient restés dans le fort, ne pussent éclaircir les soupçons que devait faire naître la longue absence de leurs camarades. Si on se bornait à fermer l'ouverture supérieure de la caverne, ils ne manqueraient pas de la rouvrir à force de poudre : Théodore imagina de leur dérober l'entrée inférieure, que personne ne pourrait plus leur indiquer. Des pierres couvertes de mousse furent poussées au dehors;

les intervalles furent remplis
d'une terre à laquelle le soleil
donna bientôt une apparence de
vétusté : le tout fut tellement lié
avec le corps de la montagne, que
le rapport fait au commandant,
ne devait paraître qu'une fable.

Il ne restait qu'à prononcer sur
le sort d'Azili : sans doute on n'en
voulait plus à sa vie; mais elle
prétendait au bonheur. Villuma
la favorisait, Théodore pouvait
tout sur le peuple ; pour prix de
ses services, il demanda sa main :
« Votre dieu ne veut être servi
» que par des cœurs libres, dit-il;
» le sien ne l'est pas, les autels
» la repoussent; rendez-la à sa
» mère et à son amant : alors vous
» serez quittes envers moi, et je

„ resterai parmi vous. J'adopte-
„ rai vos mœurs, je me soumet-
„ trai à vos usages ; ce sont ceux
„ d'Azili , elle me les rendra
„ chers ».

Cette proposition attaquait directement le culte ; on n'osait ni la combattre ni s'y rendre. Villuma concilia tout : il proposa qu'on ne pût à l'avenir se vouer aux autels qu'à cet âge où l'on voit clair dans son cœur, et que celles qu'avait abusées un zèle prématuré, rentrassent dès ce moment dans la société. Cette loi fut unanimement admise ; Théodore et Azili jurèrent de s'aimer toujours, et furent fidelles à ce serment.

Ah ça, monsieur l'auteur, puis-

que Théodore est resté enfermé là
dedans avec son Azili, dites-moi
un peu comment vous avez su tout
cela ? — Comment je l'ai su, monsieur le lecteur ?... Ma foi, je crois
que je l'ai rêvé.; je rêve aussi, je
crois, que j'ai fait de ce conte un
drame que mon ami Bruni a mis
en musique, et que mes amis du
théâtre Feydeau joueront inces-
samment.

THÉÂTRE DE LA RÉPUBLIQUE.

PINTO, comédie en cinq actes en prose.

En 1640, une conspiration, aussi bien conçue qu'heureusement exécutée, mit sur le trône de Portugal Jean duc de Bragance. Le premier ministre d'Espagne Olivarès, eut la confusion d'avoir contribué aux succès des conjurés en envoyant de l'argent au duc de Bragance pour lever les difficultés que faisait ce prince de se rendre à Madrid. Cet argent lui servit à se faire des partisans.

Tel est, en abrégé le sujet que vient de mettre au théâtre l'auteur très-jeune et très-justement consisidéré de la tragédie d'*Agamemnon*.

La réputation du citoyen Mercier, le genre de l'ouvrage, le désir qu'avait marqué le premier Consul d'assister à la première représentation, le bien et le mal que certains journalistes avoient dit de la pièce par anticipation, tout avait contribué à attirer une foule prodigieuse au Théâtre français.

Ces soirées, où un auteur veut prouver qu'il a de l'esprit, à un public qui n'est pas disposé à en convenir, sont toujours orageuses, quand l'assemblée se divise entre les amis de l'auteur et de l'art, et ceux qui ne savent rien et qui veulent juger de tout sans avoir rien entendu. A la première représentation de *Pinto*, les partis ont été souvent près d'en venir aux mains, ce qui n'aide pas du tout au succès d'une pièce.

Malgré les *brouhaha*, on a applaudi souvent, et toujours avec justice ; on a improuvé plus souvent ; on a blâmé la facture de certains caractères : a-t-on eu raison d'improuver et de condamner ? Le public ne se trompe-t-il jamais ? Son jugement est-il sans appel ? Je suis persuadé qu'il se trompe presque toujours du plus au moins. Voyons comment il a jugé *Pinto*. Assez d'autres ont critiqué l'auteur ; moi, je veux critiquer le public.

Pourquoi a-t-il reçu favorablement un moine à-peu-près nul, tout-à-fait inutile aux conjurés, personnage purement d'invention, et pourquoi ce public n'a-t-il pas voulu écouter l'archevêque de Brague, personnage bête, présomptueux, très-comique, qui joue un rôle dans l'histoire de la révolution du Portugal ?

Pourquoi a-t-on applaudi un chef de conjurés, qui s'ouvre inconsidérément à un jeune homme, dont l'aggrégation ne peut donner ni plus de force, ni plus de consistence au parti, et pourquoi a-t-on trouvé mauvais que ce jeune-homme, très-brave, à ce qu'il dit comme tant d'autres, tremble, comme tant d'autres, à l'approche du danger ?

Pourquoi n'a-t-on-pas applaudi une situation neuve à la scène, et vraiment dramatique, le moment où l'amiral se rencontre avec le mari de celle chez qui il se croit en bonne fortune ?

Pourquoi veut-on que cet amiral ait appris à estimer les femmes au sein des plaisirs faciles, et pourquoi ne diroit-il pas franchement dans ses monologues, ce que tant de jolis citoyens disent publiquement tous les jours ? Ah ! c'est qu'on est au spectacle à côté de sa femme qu'on trahit, d'une maîtresse qu'on veut rendre méprisable, et il faut avoir l'air de respecter le sexe pour le tromper plus sûrement.

Pourquoi, après quatre heures d'attention ou de bruit, le public n'a-t-il pas voulu avoir cinq minutes de patience encore, pour que les gens désintéressés pussent entendre la fin de l'ouvrage ? C'est qu'on ne vouloit pas que la pièce finît ; car tout le monde sait qu'une pièce est tombée, quand on n'en a pas entendu la dernière phrase.

Pourquoi des enfans de quinze à seize ans vont-ils se cacher au ceintre pour y jouer *à la clef percée* ? Pourquoi quinze cents personnes, au lieu de *beugler* en chœur *à bas le siffleur, à la porte le siffleur,* n'examinent-elles pas en silence d'où partent les coups de sifflet, et n'invitent-elles pas les gens de la police, qui sont faits pour cela, à aller prier les petits bons hommes du ceintre de rester à l'école, et d'apprendre à vivre ?

Tout ceci a rapport à la première représentation de *Pinto*. Mais pourquoi l'auteur, qui, cinq à six personnages près, a plus de génie à lui seul que tous les allobroges qui ont cru le berner, pourquoi l'auteur, à la seconde représentation, a-t-il fait un crispin de son drôle-de-corps d'archevêque, et l'a-t-il enfin supprimé tout-à-fait ? C'est qu'il n'a pas voulu se brouiller sans retour avec des gens zélés catholiques-romains aujourd'hui, et qui en 88 ne croyaient ni en Jésus-Christ, ni même en son père.

Quand on aura franchement répondu aux ques-
tions auxquelles je n'ai pas répondu moi-même,
je pourrai critiquer quelques endroits de la pièce
qui m'en paraissent très-susceptibles. En attendant, je défie tous nos aristarques de m'indiquer
un rôle plus hardiment, plus parfaitement des-
siné, plus heureusement soutenu que le rôle de
Pinto.

Bien des gens seront de cet avis ; et je pense,
moi, que ce n'est pas dans ce rôle, peut-être, où
Mercier a déployé plus de talent. Il a conservé
au duc de Bragance le caractère faible, irrésolu,
que lui reproche l'histoire, et il a eu l'art de le
rendre toujours intéressant.

THÉATRE DE LA RUE FEYDAU.

MARCELLIN, opéra en un acte, dialogue du citoyen
Bernard-Valville, musique du citoyen Lebrun.

Le sujet de cet ouvrage est extrêmement léger.
C'est un père absent depuis long-tems, et qui rentre au sein de sa famille, après avoir fait fortune.
Il surprend le secret de l'amour de sa fille, pour
un jeune homme aimable et aisé. Il s'amuse de
l'anxiété de sa fille, de la jalousie de son amant,
et il finit ce badinage par son consentement à
l'hymen désiré.

Des scènes très-bien filées, quelquefois neuves,
un dialogue serré et pur, une musique simple,
chantante et toujours vraie, ont mérité aux auteurs le succès le plus complet.

THÉATRE DU VAUDEVILLE.

LE SAUVAGE DE L'AVEYRON, comédie en un
acte, par les citoyens Maurice Chazet et Emmanuel
Dupaty.

Les aimables auteurs de cette jolie production
ont réuni dans un seul cadre l'aventure du jeune
Sauvage et l'amour d'un Officier Russe, prisonnier
de guerre à Nancy, et d'une dame de cette ville.
Les journaux se sont tellement répétés sur ces
deux faits, qu'il est inutile de les rappeller.

Je me bornerai à rendre aux auteurs le tribut
d'éloges dû à leur fécondité et à leurs succès soutenus. Des couplets charmans, des situations
piquantes, voilà ce qu'on attendait et ce qu'on
a applaudi. Des saillies un peu lestes ont excité

des murmures. Chazet et Dupaty n'ont pas besoin de recourir à ce moyen là pour plaire.

THÉATRE DE L'OPÉRA-COMIQUE.

LE TABLEAU DES SABINES, comédie-vaudeville en un acte, par les citoyens de Jouy, Longchamps et Dieu-la-Foy.

Ces auteurs, qui ont l'heureuse habitude de réussir au théâtre du Vaudeville, ont prouvé au public que le vrai talent est placé partout; et le plus brillant succès les a convaincus que le public étoit de leur avis.

Un enlèvement est le fonds de cette pièce, qui critique avec esprit et sans amertume le fameux tableau de David. Cette donnée, qui ne paraissait pas susceptible de variété, présente un tableau enjoué et décent des ridicules du jour, et nos guerriers y reçoivent un hommage d'autant plus flatteur, qu'il est délicat et mérité.

Dancourt a donné sous le même titre une comédie qu'on ne joue plus depuis long-tems.

LITTÉRATURE.

Un seul roman m'est parvenu dans le mois : *Mes premières Etourderies*, 3 vol. in-18, *chez Marchand*, libraire, Palais-Egalité, galerie neuve, N°. 10.

Cet ouvrage est tout-à-fait dans le genre du *Chevalier de Faublas*, roman où l'immoralité soutenue du héros est déguisée sous les charmes d'un style séducteur. C'est au lecteur à décider à quel point l'imitateur a approché de son modèle.

N'ayant à rendre compte d'aucune autre nouveauté, je ne résisterai pas au desir de parler du meilleur roman que nous ayons peut-être dans notre littérature ancienne et moderne. C'est *Fréderic*, ouvrage trop peu connu, et qui devrait l'être de tous les amateurs de l'excellente littérature.

Des événemens simples et toujours attachans, un style correct et élégant, la connaissance la plus étendue du cœur humain, le caractère de Philippe si heureusement imaginé, si nouveau, si intéressant, une jeune personne qui n'aime pas comme on aime dans les romans, mais comme doit aimer une fille sensible et bien née, tels sont les titres du citoyen *Fiévée* à l'estime et à la reconnaissance de ses contemporains.

www.ingramcontent.com/pod-product-compliance
Lightning Source LLC
Chambersburg PA
CBHW060030100426
42740CB00010B/1684